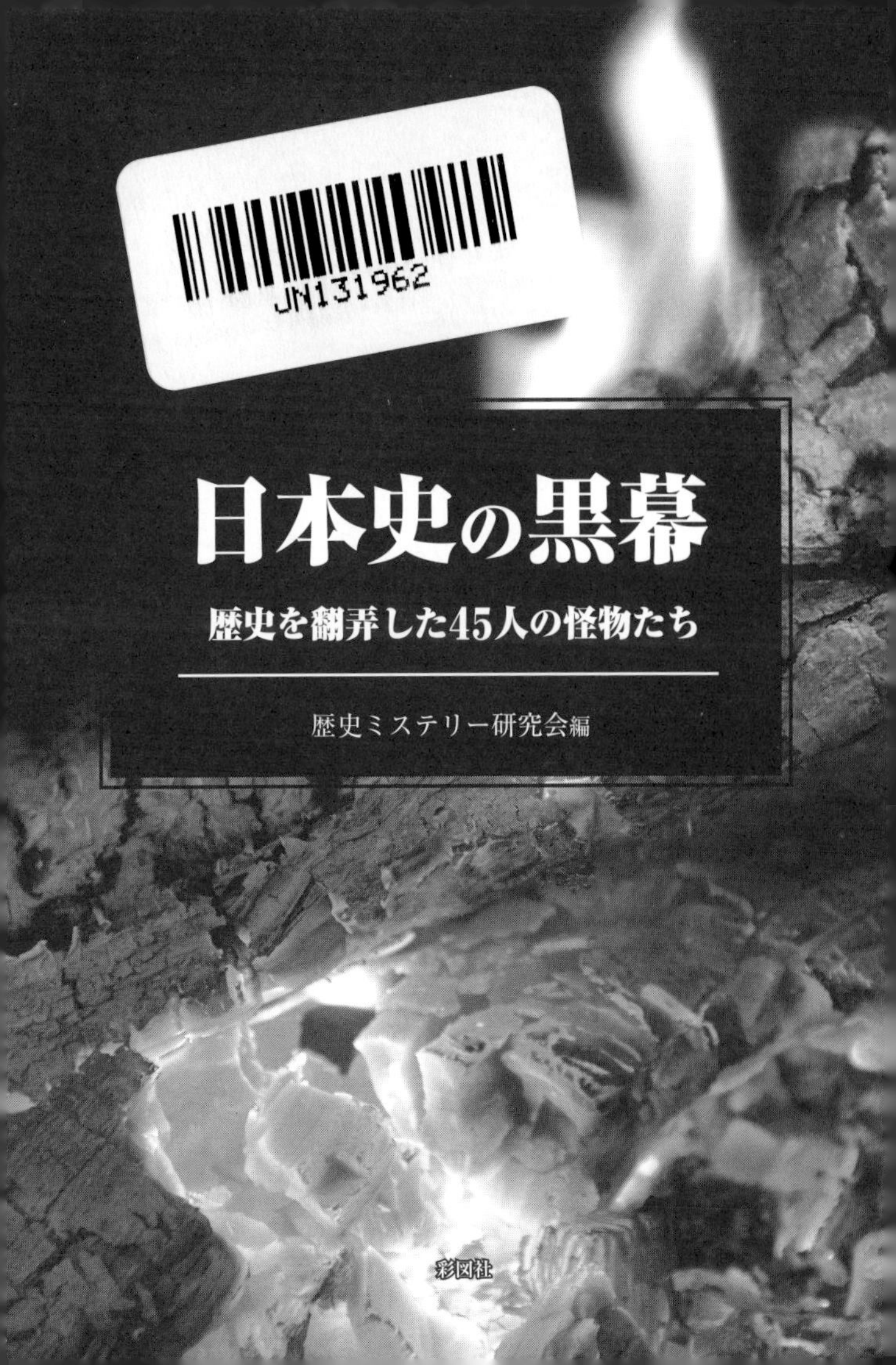

JN131962

日本史の黒幕

歴史を翻弄した45人の怪物たち

歴史ミステリー研究会編

彩図社

はじめに

顔色ひとつ変えず他人を欺《あざむ》き、裏切り、そして陥《おとしい》れる――。

いつの時代も、歴史を陰で動かしてきたのはそんな図太さや腹黒さ、そしてしたたかさを兼ね備えた人物だ。

彼らは、どれだけ人から忌《い》み嫌われようともみずからの信念を貫き、日本史にその名前を刻みつけてきたのである。

そんな彼らは、まさに「黒幕」と呼ぶにふさわしい面々ばかりである。

本書では、日本史上にいくつもある重大事件の真説や異説を掘り出して、古代から近現代に至るまで、歴史を翻弄した45人の怪物たちの素顔に迫った。

日本で初めて武士の世を築いた平清盛は、一度は味方として共に戦った同士と刃を交え、さらに京の都でクーデターを起こしてのし上がっていったことをご存じだろうか。

また、戦国の風雲児こと織田信長が天下統一のために画策《かくさく》した、多くの人々を死地に追いやった残虐非道な行いとはどのようなものだったのか。

あるいは、悪法と名高い「生類憐《しょうるいあわれ》みの令」を出した〝犬公方《いぬくぼう》〟こと徳川綱吉は、なぜ人間よりも犬を尊ぶ法令を生み出したのだろうか。そして、彼をとりまいたクセ者たちの正体とは。

さらに、「生麦事件」でイギリス人を斬り殺した薩摩藩士や、20世紀最大のスパイ事件である「ゾルゲ事件」で暗躍した日本人スパイが歴史に与えた影響の大きさには、思わず言葉を失ってしまうだろう。

本書を読み終えて、黒幕たちの心の奥底に潜む真意が見えたとき、今まで知っていたはずの歴史をさらに面白く、そして、恐ろしく感じていただけると確信している。

２０２０年４月　歴史ミステリー研究会

【日本史の黒幕】目次

1章 戦乱の時代の黒幕たち

2章 江戸時代の黒幕たち

3章 開国前夜の黒幕たち

4章　現代をつくった黒幕たち

＊本書の執筆にあたり、登場人物等の敬称を略して掲載しました。

1章 戦乱の時代の黒幕たち

平安時代

新しい天皇になろうとした平将門

■身内を殺して家を焼き払う

罪人の首を見せしめに晒《さら》し者にする獄門刑。日本で最初にこの刑に処された人物は、鬼と恐れられた武将の平将門だったといわれている。

理由は、彼が国家、つまり朝廷に歯向って反乱を起こし、あげくの果てに「新皇」と名乗って独立王国を築こうとしたからだ。

いうなれば、国家反逆罪を犯した極悪人として死んでいったのである。

天下獲りをめざした武将は数知れないが、完全な独立国家の頂点に君臨すべく帝と張り合った者は平将門をおいてほかにいない。

京の都で藤原氏が栄華を極めていた平安時代、将門は下総国《しもうさのくに》（茨城県南部）で生まれた。

やがて将門は、親族同士の土地争いをきっかけに戦いの渦に巻き込まれていく。このとき彼は、争いの果てに自分の伯父を殺害し、その館を焼き払ってしまう。

そして彼は京の都から派遣されてきた役人である国司と対立。朝廷の支配に対して不満を募らせていた豪族たちと共に立ち上がると、ついに常陸国《ひたちのくに》（茨城県）の役所を焼き払って国を奪ってしまった。

「平将門一代図会」に描かれた将門の晒し首。絵の中でも目を見開いている。

これはそれまでの身内争いとはわけが違う、朝廷の支配に対する明らかな反逆行為だった。

しかし、勢いづいた彼を止められる者はいなかった。将門は常陸、下野《しもつけ》、上野《こうずけ》、武蔵といった周辺の国々をことごとく制圧し、広大な関東地方一帯を支配下に収めたのである。

屈強な騎馬隊を率いて、兵力の差をもろともせずに敵の大軍をなぎ倒す。鬼神のように戦う将門の名前が京の都にまで知れ渡るのに時間はかからなかった。

■壮絶な最後ののち怨霊になる

地方の豪族からたちまち関東の覇者となった将門は、いよいよ前代未聞の行動に出る。京の帝に対抗して、みずからが新しい帝である「新皇」の座に就いたことを宣言したのだ。

じつは将門は、平安時代の最初の帝である桓武天皇の末裔でもあったのだ。

さらに彼は関東を朝廷の支配から切り離して独立しようともくろみ、広い関東地方を統治するために朝廷と同じ政治システムをつくり上げていったのである。

その将門が朝敵と見なされたのはいうまでもない。朝廷は将門を倒すべく、藤原秀郷《ひでさと》、平貞盛を大軍と共に関東に送り込み、将門軍との間で壮絶な戦いが繰り広げられた。

向かうところ敵なしの将門だったが、新皇を名乗るという大胆不敵さに今度ばかりは天も背を向けたのだろうか。

死力を尽くした戦いの末に将門は、弓矢で眉間を射抜かれて馬上で絶命するという壮絶な最期を遂げたといわれている。

東京の神田明神では毎年、祭神の一柱である将門らの霊をしずめるために盛大な祭が行われる。

将門の首は京の都に運ばれて、大罪人として晒し首になった。

ところがこの首が、夜な夜な笑い声を上げたり、切り離された胴体を求めて大声で叫んだり、ついには、突如として目を見開いて故郷である関東平野をめざして飛んでいったというのだ。

現在も東京都千代田区大手町のオフィスビルの合間にひっそりと残されている首塚は、関東まで飛んできた将門の首がついに力尽きて落ちた場所だと伝えられている。

この首塚を移転しようとすると、必ずといっていいほど作業中に事故が起きたことから、結局その後も移転されることはなかったという。

奈良時代

女性天皇を利用した 道鏡

■正体不明の謎の僧

古くから「日本三大悪人」と呼ばれてきた人物の中に、なぜか一人の僧侶の名前がある。

奈良時代に突如として現れた怪僧、道鏡《どうきょう》だ。

彼は僧侶でありながら朝廷を牛耳るほどの強大な権力を手に入れ、みずから皇位に就こうと画策したほどの野心家だった。

道鏡は河内国《かわちのくに》の弓削郷《ゆげごう》、今の大阪府八尾市の出身といわれている。ただし、その生い立ちについては不明な点が多い人物だ。

そうはいっても、彼は宮廷内で仏事を行い、また皇族など高貴な人々を治療していたのだから、かなり高名な僧だったと考えられる。

若い頃には相当に修行を積み、病気を癒す祈祷ばかりか、医術や薬の知識、また密教や語学にも通じていた。

歌舞伎「恵方曽我万吉原」に登場する道鏡と女帝（「恵方曽我万吉原」）

こうした能力が道鏡を時代の表舞台に押し上げることになる。

すべては、重い病の床にあった孝謙上皇を秘術を使って治したことから始まった。

命を救ってくれた僧を信頼しないはずがない。彼女は道鏡を師と慕うようになり、常に自分のかたわらに置くようになったのである。

■実力者を殺して朝廷に入り込む

やがて道鏡は孝謙上皇に取り立てられて重職に就くようになる。

すると、上皇のお墨つきを得たことで野心に火がついたのか、道鏡は夫も子供もいない独り身の上皇にさらに取り入って、出世の階段を駆け上がっていったのである。

これをおもしろく思わなかったのが、当時の朝廷で実権を握っていた藤原仲麻呂だった。

彼にしてみれば、どこの者とも知れない僧が急に大きな顔をして、しかもみずからの立場を危うくしかねない存在となったのだからたまったものではない。即座に〝排除〟を狙ったのはいうまでもない。

仲麻呂は武力蜂起したものの時すでに遅く、すでに宮中から多くの味方を得ていた道鏡の敵ではなかった。仲麻呂は上皇側に敗れ去り、家族ともども斬首されてしまったのだ。

こうして邪魔者を葬り去った道鏡は、称徳天皇として皇位に返り咲いた上皇から太政大臣禅師、さらに法皇と相次いで大役に任命され、ついに政務いっさいを取り仕切ることになったのである。

絶大な権力を手に入れた彼は、各地に国分寺の建立を進めるなど仏教重視の政策を進めるのだが、これが貴族の反発を招くことになった。

宇佐八幡宮にある呉橋。10年に一度開催される勅使祭では、天皇からの勅使がこの橋を渡る儀式が行われる。

■ニセの神託を使って天皇になろうとする

そんなかで、朝廷を揺るがす大事件が起きる。九州の宇佐八幡宮から、称徳天皇の後継者として道鏡を帝位に就かせる旨の神託があったという知らせが入ったのだ。

称徳天皇には夫も子もなかったため、皇族ではない道鏡に帝になるチャンスがめぐってきたのである。

とはいえ、称徳天皇が道鏡の操り人形のようになっていたことを考えると、道鏡側の人間が結託してこの神託のお膳立てをしたことは容易に想像できる。

しかも、道鏡の弟である弓削浄人《ゆげのきよひと》が大宰帥《だざいのそち》、当時の九州地方のトップの座に就いていたこともただの偶然ではなかったはずだ。

もちろん、弟を昇進させたのは道鏡本人だったことはいうまでもない。

ところがこの野望は、神託を確認するために宇佐八幡宮に派遣された和気清麻呂《わけのきよまろ》によって阻止される。

清麻呂は、天皇家の血筋ではない道鏡は排除すべき、という正反対の神託を手に都に戻ってきたのである。

追い打ちをかけるように失意の称徳天皇が病に倒れて崩御すると、後ろ盾を失った道鏡は途端に力を失う。

こうして彼の即位計画はあえなく失敗に終わり、政治生命を絶たれてしまったのである。

都を追われた道鏡は、現在の栃木県にあった下野薬師寺でわびしい晩年を過ごすと、最愛の帝がこの世を去ってから2年後、あとを追うように静かに死んでいった。

また、称徳天皇には近い血筋の後継者がいなかったため、80年あまり続いた天武天皇の直系による皇位継承はここで途絶え、天智天皇の孫である光仁天皇が即位したのである。

飛鳥時代

帝の目の前で殺された 蘇我入鹿

■前代未聞の宮中でのクーデター

奈良県の北部にある明日香村には、今から1400年あまり前の飛鳥時代の史跡が数多く残されている。

そのうちのひとつ、日本初の本格的な寺院である飛鳥寺の外れにはひとつの石塔がある。

この石塔はじつは首塚で、クーデターによって殺された蘇我入鹿のはねられた首がここに飛んできたというのだ。

蘇我入鹿は、大化元（645）年、歴史のターニングポイントとなった大化の改新の序章ともいえる乙巳《いっし》の変で殺害された人物として知られている。

この政変は神聖な儀式の最中に起こっていて、その場には皇極帝も居合わせていた。

つまり、入鹿は宮中、それも帝の御前で斬り殺されたのだ。

■自分を「みかど」と呼ばせる

推古帝や聖徳太子らの働きによって、6世紀の終わり頃の日本には、帝中心の統一国家が樹立された。

ところが、彼らが亡くなると、豪族の蘇我蝦夷《えみし》と入鹿の親子が急激に力をつけ、朝廷の権力を掌握した。

朝廷に君臨した2人は、恐れる者はいないといわんばかりに好き放題を繰り返す。しだいにエスカレートした彼らは、帝を軽んじるかのような振る舞いをし始めたのだ。

蘇我親子は、当時は皇族にしか許されていなかった自分たちの巨大な墓を勝手に築いてしまう。

そのうえ、皇族が暮らす宮廷を見下ろすような小高い丘の上に大邸宅を建て、屋敷の周囲に武装した兵を配した。

それればかりか、入鹿は周囲の者に自分のことを「みかど」と呼ばせていたというのだ。

首を飛ばされる入鹿（「多武峯縁起絵巻」）

■聖徳太子の子を殺す

そんな蘇我入鹿が実行したことのなかでも特に残忍だったのが、聖徳太子の子供である山背大兄皇子《やましろのおおえのおうじ》を自殺に追い込んだ一件だ。

次期帝候補で人々からも支持されていた山背大兄皇子は、みずからの言いなりになる帝を立てようとしていた入鹿にとって邪魔な存在でしかなかった。そこで入鹿は、皇子の殺害に及んだのである。

かつて聖徳太子が築いた斑鳩宮《いかるがのみや》で暮らす皇子に、入鹿の命を受けた兵が突然襲いかかる。

ところが、皇子は仏教に深く帰依していたため、どれだけ挑発を受けても武器を手にしようとはしなかった。それればかりか、ついには周囲の住民に迷惑をかけまいと一族そろって自害してしまった

奈良県の飛鳥寺付近にある蘇我入鹿の首塚。後ろに見える甘樫丘で焼けた建築部材などが発見されたことから、蘇我親子の屋敷があったのではないかといわれる。

のである。

この皇子の潔い最期が世に伝わったことで、入鹿の腹黒さはよりきわだったといえる。

こうして立場を悪くした蘇我氏は朝廷内で孤立していく。そして、入鹿を倒すべくひそかに策を練っていた中大兄皇子と中臣鎌足はこの機会を見逃さなかった。

皇位を狙う逆賊を成敗するという大義名分を得た彼らはついに行動に出たのである。

■子は首をはねられ親は自害する

事件は宮中で起きた。

帝も出席している神聖な儀式の最中、物陰に潜んでいた中大兄皇子は刺客たちと共に突如として入鹿に斬りかかったのである。

まさか宮中で襲われるとは考えてもいなかったことだろう。完全に不意をつかれた入鹿は悲鳴を上げるのが精いっぱいで、血まみれになって死んでいったのである。

息子の死を知った父の蝦夷も観念して、事件の翌日には屋敷に火を放ち自害した。こうして、長きにわたり栄華を誇った蘇我親子は無念の最期を遂げた。

これが、乙巳の変の顛末である。

そして、この事件のときに中大兄皇子にはねられた入鹿の首が怨念をまとって宙を飛んだという伝説が残されているのだ。

乙巳の変によって政治の中心人物になった中大兄皇子は、軽皇子《かるのみこ》を即位させて孝徳天皇としたのを手はじめに政治体制を一新した。さらに、それまでは各地方の豪族が、その土地や民衆を直接支配するという体制がとられていたのを廃止している。

そして聖徳太子が考え出した、天皇を中心とする律令国家を打ち立てることに邁進し始めたのである。

つまり、乙巳の変をきっかけにして始まった一連の政変により、日本は連合統治の形から天皇中心の中央集権国家へと大きく変化していくことになるのだ。

平安時代

武力と知力で権力を掴んだ 平清盛

■クーデターで独裁政権を樹立

「昨日の友は今日の敵」とは、乱世にはふさわしい言葉だ。

これを地でいくかのように、共に戦った武将を数年後には敵として討ち、さらには長年仕えた皇族を相手にクーデターを起こして独裁政権を樹立した冷酷非道な人物がいる。

平氏全盛となった平安時代の後期の主役の一人である平清盛だ。

清盛は、その当時は貴族に仕える立場でしかなかった武士としては初めて、中央の政治を動かした人物である。

ただし、彼はただ武力に物を言わせて成り上がっていったわけではない。

清盛はその武力だけではなく、明敏な頭脳を駆使して根回しやかけ引きを行う政治力

平治の乱の絵巻。この後、平氏は全盛期を迎える。

も兼ね備えていたのだ。

■源氏を圧倒し太政大臣になる

伊勢の有力な武士である平忠盛の嫡男《ちゃくなん》として生まれた清盛は、保元の乱と平治の乱のふたつの戦いを足がかりに出世の階段を上り始める。

保元元（１１５６）年に京の都で起きた保元の乱は、後白河天皇と崇徳上皇が皇位継承問題で対立し、その争いに武士が巻き込まれた戦だ。

この戦で清盛は源義朝《よしとも》らと共に天皇側について戦い、勝利を収めている。

その後、後白河天皇は上皇となって院政を始めた。

ところが、その3年後に起きた平治の乱では、清盛は保元の乱で共に戦ったはずの義朝と刃を交えているのだ。

2人とも保元の乱で武勲をたてたものの、清盛のほうがより高い恩賞を与えられた。義朝はこれを不服とし、清盛をライバル視していたことが新たな戦を引き起こしたともいわれている。

義朝は、藤原信頼らと共に清盛が京の都を離れたスキを突いて御所を襲撃し、天皇と上皇を手中に収めた。

ところが、引き返してきた清盛軍の戦力の前にはまったく歯が立たず惨敗、義朝は敗走中に殺されてしまった。

結局、この敗戦が源氏一門の大きな痛手となり、清盛を中心として勢力を拡大した平氏の時代が始まったのである。

ちなみに、この平治の乱に敗れて伊豆に流されたのが義朝の子で、のちに源氏の反乱を率いて鎌倉幕府を開く頼朝である。

ふたつの大乱を乗り越えて後白河上皇から全幅の信頼を得た清盛は、武士としては初めて太政大臣という重職にまで出世した。

さらに親族を皇室に嫁がせたり、宋との貿易を盛んに行い経済的な基盤を築くなど、みずからの権勢を揺るぎないものとするために手抜かりはなかった。

「平氏にあらずんば人にあらず」という言葉が平氏の間から聞こえてきたのもこの頃のことである。

■平家全盛の時代をつくりだす

ところが、立場は違えどもどちらも権力を独占したい〝同じ穴のむじな〟だった清盛と後白河上皇はしだいに衝突するようになる。

折しも清盛の子供たちが相次いで亡くなると、上皇は慰めの言葉のひとつもないままに彼らの土地を取り上げるなど、清盛を盛んに挑発したのだ。

治承3（1179）年、ついに清盛はクーデターを起こして都に押し寄せ、長年蜜月の時代を過ご

扇で夕日を呼び戻そうとする清盛（「芳年武者无類・平相国清盛」）

してきた後白河上皇を幽閉した。

上皇派を一掃して平氏一門をことごとく重職に就けたのである。

この「治承三年の政変」で全盛期を迎えた平氏は、日本の土地の半分近くを所有するまでになったのだ。

■各地の反乱軍の対応に追われる

ところが、平氏滅亡の序章はこのときすでに始まっていたといえる。

清盛のクーデターがかえって打倒平氏の機運を高めてしまったのだ。

源氏をはじめとする武士団は、まるで独裁者であるかのように君臨した平氏一門の横暴に怒りを爆発させ、各地で兵を挙げた。その中には、かつて清盛に敗れて伊豆に流されていた頼朝の姿もあった。

この頼朝挙兵の一報を聞き、20年前に命を助けてやった恩をアダで返されることになった清盛は、どれほど苛立ったことだろうか。

清盛は全国に飛び火した反対勢力をなりふりかまわず力で押さえにかかった。

奈良地方で僧兵の反乱が起きると、これを鎮めるために興福寺や東大寺をはじめとし

死の間際で身悶える清盛（「平清盛炎焼病之図」）

た寺院を焼き払ってしまうという暴挙にも出る。

ようやく手に入れた平氏の時代を死守せんとばかりに、各地に兵を差し向けたのである。

■熱病で苦しんで死ぬ

ところが、平氏の存亡がかかるこの時期に清盛はじつにあっけなく最期を迎える。

各地で騒乱が相次ぐなか、謎の熱病にかかって突如として死んでしまったのだ。

当時の人々は、東大寺を焼き討ちにした〝たたり〟に違いないと噂したという。頂点に上り詰めた清盛の栄華はあまりにも短かった。

さらに清盛を失った平氏は各地で源氏に敗北を喫し、清盛が起こしたクーデターからわずか6年後に壇ノ浦の戦いで滅ぼされてしまうのである。

鎌倉時代

激動の時代に生まれた愚将　北条高時

■北条一族の滅亡

鎌倉のランドマークである鶴岡八幡宮からほど近い林の中に、かつて東勝寺という北条氏の菩提寺があった。

この寺こそが、鎌倉幕府第14代の執権となった北条高時が800名を超える北条一族と共に自害したと伝えられる因縁の場所である。

倒幕の旗印を掲げて鎌倉に攻め込んできた新田義貞に追い詰められた高時が命を絶ち、150年あまり続いた鎌倉幕府の歴史にも終止符が打たれたのだが、それと同時に、幕府において強大な権力を誇ってきた北条氏は滅亡したのだ。

ところがこの高時は、名門一族の最後を飾るにはあまりにもふがいない人物だっ

東勝寺跡に残る「北条高時腹切りやぐら」

たようだ。

■現実逃避して遊びにふける

高時は、やはり執権を務めた北条貞時の三男として生まれた、いわば良家のサラブレッドである。

しかし、彼が執権になったのはわずか14歳のときだったため、右も左もわからない高時に代わり、北条家の執事だった長崎高綱が実権を握ることになる。

この長崎高綱がクセ者だった。

高綱とその跡を継いだ子の高資《たかすけ》は、若くて頼りないうえ病弱だったという高時の足もとをみたのか、汚職や賄賂など悪政の限りを尽くしたのである。

それればかりか、高時の祖父である北条時宗が執権の座にあった頃、日本は中国大陸を支配していた元から二度にわたって攻め込まれている。いわゆる「元寇《げんこう》」である。

幕府はどうにかこれを撃退したものの、多大な犠牲を払って戦った全国の御家人に十分な恩賞を与えることができなかった。

この一件をきっかけに鎌倉幕府はその求心力を急速に失っていったのである。

つまり高時は、幕府の屋台骨がすっかり傾いた不運な時代を任されたことになる。

そこへ火に油を注ぐように、権力を掌握した長崎親子が好き勝手な振る舞いをしたのだからたまったものではない。

さすがの高時も一度は高資の暗殺を謀ったことがあるが、計画は失敗した。そのうえ、関与を疑われた高時は、腹を決めて高資と対峙するどころか保身のためにシラを切り通したという。

これ以降、高時は現実から目をそむけるように政治そっちのけで遊びにふけるようになっていった。

闘犬好きが高じて全国から集めた犬を着飾って戦わせたり、陽気な音楽に合わせて踊る田楽踊りに明け暮れたりしたのだ。

宴を開いて酒を飲むことも好きで、鎌倉末期の動乱を描いた「太平記絵巻」にも、満

酒に酔って異形の者と踊り狂う高時（中央）（「太平記絵巻」２巻）

面の笑みで田楽を踊る高時の姿が描かれている。

■追いつめられて自害に追い込まれる

そして元弘３（１３３３）年、ついに幕府崩壊の幕が切って落とされた。

何度となく倒幕を企て隠岐島に流されていた後醍醐天皇が島を脱出し、再び挙兵したのである。

高時はこれを討伐すべく足利尊氏を差し向けるが、幕府に見切りをつけた尊氏は北条氏を裏切り、京都における幕府の出先機関である六波羅探題を攻めた。

時を同じくして関東で兵を挙げた新田義貞が鎌倉に攻め込んだのである。

義貞率いる反幕府勢の猛攻により幕府側の武将は一人、また一人と倒れていった。

やがて逃げ場を失った高時は、一族と共に屋敷の裏手にあった東勝寺に立てこもる。彼に残された道は、寺に火を放って自害することしかなかった。

こうして難攻不落の城塞都市とまでいわれた鎌倉は北条一族の血に染まり、1世紀半にも及んだ鎌倉幕府による支配は高時の代で終焉を迎えたのである。

幕府の滅亡までは食い止められなかったにしても、高時に卓越した政治力があれば、ここまで悲劇的な結末を迎えることはなかったのかもしれない。

ちなみに、鎌倉の東勝寺跡に残る「北条高時腹切りやぐら」は北条氏の滅亡の地として今もよく知られている。

愚将といわれた北条高時だが、彼がこの場所で自害したときには幕府の残党が数百人も共に自害したといわれる。

いかに無力な将軍といえども、共に命を棄てることを選んだ人々がこれだけ大勢いたこともまた事実なのだ。

室町時代

応仁の乱を引き起こした 日野富子

■「稀代の悪女」と呼ばれた将軍の妻

日本有数の古都として、今日も多くの観光客が訪れる京都。

その歴史ある街並みや静かなたたずまいからは想像もできないが、この街は今から500年あまり前に一面の焼け野原になったことがある。

一時は京の都が30万人もの兵で溢れたという応仁の乱が起きたためである。

多くの家屋や寺院が失われ、京都を壊滅状態へと追い込んだこの戦乱の一因をつくった人物は、じつは当時の将軍の妻だったのだ。それが「稀代の悪女」といわれた日野富子である。

由緒ある貴族の家に生まれた富子は、16歳で室町幕府の第8代将軍である足利義政に正室として嫁いだ。

ところが、夫の義政は20歳という若さにもかかわらず、すでに何人もの側室をかかえていて、彼女たちとの間に娘も生まれていた。

そんな側室の中で最も力を持ち、将軍にも影響力のあった女性が今参局《いままいりのつぼね》だった。

まだ若く、しかも正室として将軍のもとにやってきた富子にはさぞ居心地が悪かったことだろう。

しかし、そのような環境がかえって彼女を気丈な女性にしていったのかもしれない。

富子は結婚してから4年後に念願の第一子を出産したが、不運にもその子はすぐに死んでしまう。

すると、「今参局が呪い殺したのではないか」という噂がどこからともなく流されたのだが、厄介払いをしたかった富子自身が流したものともいわれている。

結局、義政はこの噂を真に受けて今参局を将軍家から追放し、彼女は都落ちする道中で無念のうちに自害して果てている。

こうして目ざわりな存在を葬り去った富子は、名実ともに将軍の正室として君臨すると権力を振るっていくのである。

室町幕府の中心地であり、富子の居所でもあった花の御所

■自分の子供を将軍にしようと画策する

しかし、この後もすんなりと富子の時代が訪れたわけではない。

彼女はなかなか世継ぎを産むことができなかったため、夫の義政は弟の義視《よしみ》を跡継ぎに指名したのである。

ところが、その翌年に富子が男児の義尚《よしひさ》を産んだことで状況は一変した。

どうにかして我が子を次の将軍に立てようとする富子と、一度は約束された将軍の座を白紙にされまいとする義視は対立する。そこで富子は実力者の山名宗全に、一方の義視は後見人である細川勝元に助けを求めたのだ。

やがて、この争いに便乗するように大名たちが次々と山名派と細川派に分かれ、山名氏率いる西

上御霊神社に立つ「応仁の乱勃発地」の碑

軍と細川氏の東軍の二大勢力がついに刃を交えたのが応仁の乱なのである。

つまり、我が子を何としても権力の頂点に押し上げようとした富子の執念が、大戦争のきっかけになったともいえるのだ。

■子供は死に、自分は一人になる

11年にわたって続いた応仁の乱は京の街を焼き尽くしたが、その戦火の下でも富子は我が子のために裏工作を続けた。

彼女は敵味方かまわず息子を支持してくれる者に金を貸しつけていたのである。戦乱を収めようとしただけではなく、我が子の味方の数を増やそうと奔走したのだ。

富子は米相場で儲けたり、関所で徴収した金を懐に入れるなど金の亡者となって莫大な財産を築き、その金をばらまいたのである。

戦乱のさ中、義政は将軍の座を義尚に譲り引退した。ようやく富子の念願がかない、義尚は晴れて室町幕府第９代の将軍の座に就いたのである。

ところが、義政はそのまま隠居して富子とは別居し、さらに応仁の乱が終わると最愛の義尚も病に倒れて死んでしまった。晩年の富子は一人寂しく過ごしたという。

カネと権力に執着し、莫大な遺産を残した富子だったが、周囲の人々からは快く思われていなかったようだ。57歳でこの世を去った彼女の葬儀には、当時の将軍足利義澄は参列しなかったという。

このように長年にわたって日本史上稀代の悪女といわれた日野富子だが、じつは近年、その評価が変わりつつある。

多くの大名に金をばらまき自分の思いどおりに政治を動かそうとしたといわれるが、じつは大名たちの信頼を得て、さらに経済を動かすことで応仁の乱の後の復興に役立てようという意図があったと考えられているのだ。

だとすれば、悪女どころか、優れた政治的手腕を持つ女性だったことになる。まだ確証はないが、もしかしたら日野富子のイメージが大きく変わるかもしれないのだ。

戦国時代

恩のある主君を追放した 斎藤道三

■恩をアダで返して「まむし」と呼ばれる

血で血を洗う凄惨な戦いが絶えなかった戦国の世では、その激しい生きざまから「独眼龍」と呼ばれた伊達政宗や、「甲斐の虎」の武田信玄など、さまざまな異名をとった武将がいた。

なかでもその狡猾さで抜きんでていたのが、美濃、今の岐阜県の南部を支配していた「まむしの道三」こと斎藤道三である。

この呼び名は歴史の教科書にも出るくらいよく知られているが、そもそもなぜ「まむし」と呼ばれるようになったのだろうか。

それは、彼がそのあくどいやり口で君主を滅ぼし、一国一城の主へとのし上がっていったことに由来している。

古くからまむしには、「親の腹を食い破って出てくる」という言い伝えがある。これが恩をアダで返すという意味になり、冷血無比な道三はいつからか「まむし」と恐れられるようになったのである。

若き日の道三は一介の商人で、路上で油を売りながら生計を立てていた。ところが、各地を転々としながら武芸や兵術を学び、有力な武将たちの兵力に関する情報収集に余念がなかった。いつかは自分も出世して大物になってやると、野心に満ちた目つきでさまよっていた様子が目に浮かぶようだ。

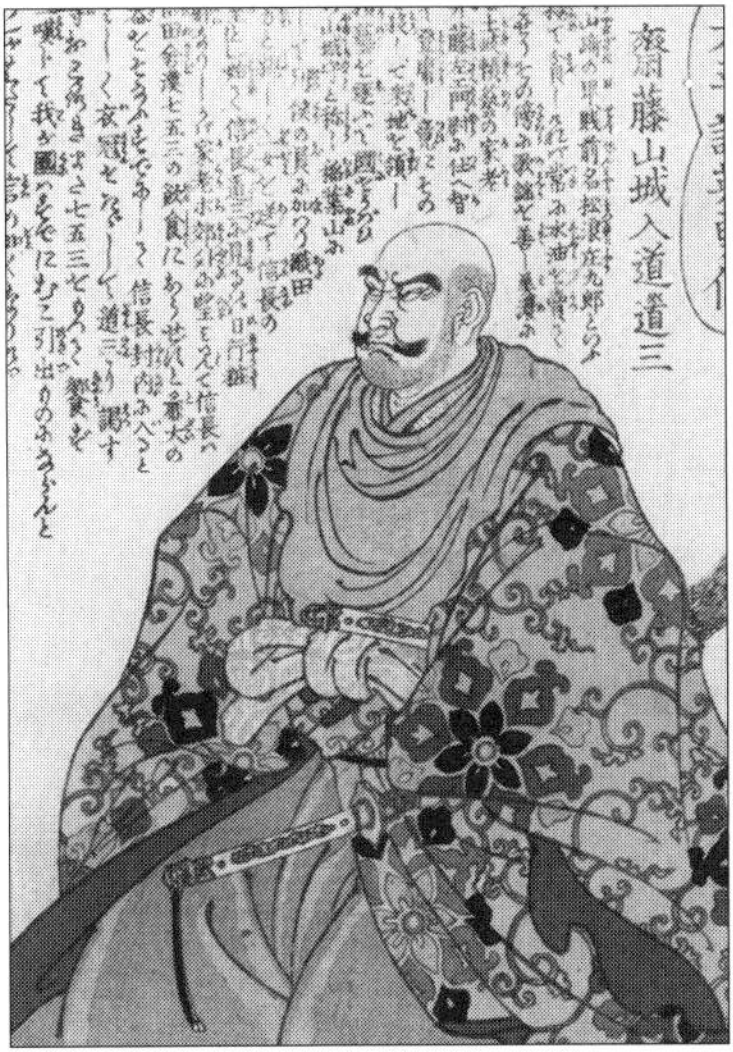

斎藤道三「太平記英勇傳　斎藤山城入道道三」

そんな彼が美濃にやってきたのは、当時「美濃を制する者は天下を制す」といわれていたからだろう。

美濃は京の都から近く、また交通の要衝《ようしょう》でもあった。こうして、この地で斎藤道三の血塗られた人生は幕を開けることになる。

彼が大名への道を歩み始めるきっかけは、城下での油売りのたくみな話術と派手なパフォーマンスが評判になったことだった。

評判が評判を呼び、ついに美濃を支配していた土岐家の家臣である長井長弘に認められると、首尾よく土岐家に仕えることになった。

当時の土岐家では兄と弟による跡目争いが繰り広げられていた。これをチャンスと見た道三は弟の土岐頼芸《よりなり》に入れ知恵をする。

そうして兄を追放させると頼芸を美濃の守護大名、つまりはナンバーワンの座に就かせて、権力者との太いパイプを築いたのである。

ここからまむしはその本領を発揮していく。

■恩人を殺害し、主君を追放する

道三は手はじめに、自分を取り立ててくれた長井長弘を謀反の罪に陥れて殺害する。

さらに、あろうことか頼芸の居城である大《おお》桑《が》城に突如として攻め入り、ついには主君である頼芸とその子を共に美濃から追放してしまうのだ。

かつて世話になった相手だろうが何だろうが、みずからの野望の邪魔になるものは容赦なく払いのける。これが道三のやり方だった。

また、彼はすぐれた軍師でもあった。

自軍の兵に通常の槍の3倍もの長さの長槍を持たせたり、当時はまだ珍しかった鉄砲を配備するなど、それまでの常識を覆す戦術で数々の争いを勝ち抜いていった。そうしてまんまと美濃を手に入れたのである。

油売りの姿。当時、油は専売制になっていたほど重要な品だった。

■信長に娘を差し出す

そんな道三は、自分の娘である濃《のう》姫《ひめ》を若き日の織田信長に嫁がせている。

家臣からも「大うつけ」と呼ばれて軽んじられていた信長の秘めた才能を、腹黒いまむしはいち早く見抜いていたというわけだ。

実際に信長と初めて会見したとき、ふだんはヘラヘラとしている信長が正装で現れ、しかもその言動には一分の隙もなかったことに、さすがのまむしもたいそう驚いたという。

ちなみに、近年では道三が美濃を手に入れるまでの話のうち半分は彼の父親の代になされたものだという説が有力になっている。

どうやら、彼のまむしの血は父親譲りだったようである。

■かつての家臣に殺される

あらゆる手を使って美濃を手中に収めた道三だったが、弘治2（1556）年、63歳でついに最期のときを迎えることになる。

その無残な死にざまは、何度となく下剋上を繰り返してきた彼らしいものだったといえる。彼は自分の子供から戦争をしかけられて討ち取られているのだ。

道三の長男である斎藤義龍《よしたつ》は才覚がないとして父から疎んじられ、弟たちばかりを可愛がる父を憎んでいた。

また、彼は道三の子供ではなく、じつは道三によって美濃を追われた土岐頼芸の子供だったともいわれており、親子の対立はさらに深まっていった。

「道三まつり」の様子。現在、道三は地元出身の有名人としての地位を確立している。（写真提供：毎日新聞社）

そうして義龍はついに弟たちを手にかけ、父を討つことを決意すると兵を挙げたのである。

親と子の争いは長良川の河畔で繰り広げられた。

ところが、数々の悪行から家臣の心はすでに道三から離れており、その多くが義龍に味方したのである。

両軍の兵力の差は圧倒的になり、勝負の行方は戦う前から見えていた。

牙をもがれたまむしは、追い詰められてかつての家臣に斬り殺されたと伝えられている。

ところで、みずからの命運を悟った道三は、息子との戦いを前に信長に対して美濃を託す旨の遺言をしたためていた。

その後、これを受けて信長は美濃を攻略、天下獲りへと歩みを進めていくことになる。

やがて訪れる信長の時代、さらにはその跡を継いで天下統一の野望を果たした豊臣秀吉にも、道三は少なからず影響を及ぼしていたといっていいだろう。

また、そんな道三と織田信長の関係を考えるうえで忘れてはならないのは道三の娘の濃姫だ。

濃姫としては信長に嫁ぐのは不本意だったが、道三は信長の動きをつかむためにあえて娘を信長に嫁がせたという説が有力である。

そして信長のほうもまた、濃姫を嫁として迎えることにより、自分の勢力拡大にあわよくば道三の力を利用しようという計算があったようだ。

戦国時代

信長も一目置いた男 松永久秀

■人ができないことをしてしまった人物

みずからを「魔王」と称していたほど、極悪非道なやり口も辞さず天下獲りをめざした織田信長。

ところが、戦国大名の中にはそんな信長が認めた悪人中の悪人がいる。

それが松永久秀だ。

実際、信長は家臣になった久秀を徳川家康に会わせるときに、「人ができないような恐ろしいことを3つもやってしまった人物」と評したという記録が残っている。

信長にここまで言わしめた松永久秀とは、果たしてどれほどの人物だったのだろうか。

■周囲の人が次々と死んでいく

京都の商人の子として生まれたとも、阿波（現在の徳島県）の出身だったともいわれている久秀は、畿内地方の覇者だった三好長慶《みよしながよし》に仕えると、大和国（奈良県）の信貴山《しぎさん》城《じょう》を任せられるまでになった。

ところが、しだいに力を蓄えていった久秀は、ひそかに主家である三好家にとって代わることを考え始めたのである。

当時の三好家は、将軍の足利義輝を意のままに操って室町幕府の実権を握るほどの力を持っていた。

つまり、三好家を意のままに動かすことができれば、幕府を我がものにすることも難しくはなかったのである。

やがて、彼の思惑どおりにことは運ぶ。

三好長慶やその近親者たちが次々と謎の死を遂げ、その結果、久秀はまんまと三好家を掌握することになったのだ。

この一連の怪死は彼が毒を盛ったためだったとか、身内同士で争うようにそそのかしたなどと黒い噂が絶えないが、その真意は明らかになっていない。

この主君への反乱が1つ目の悪事である。

次に久秀は、自分の言いなりとなる将軍を擁立しようとして、なんと当時の将軍である義輝を謀殺してしまう。

「洛中洛外図」に描かれた松永久秀の館

この前代未聞の将軍殺しでは、久秀は厳重な警備の網をかいくぐって都に大軍を送り込むと、二条御所を急襲して義輝や館にいた女、子供を殺してしまった。

この「永禄の変」が2つ目だ。

ちなみに、このときに間一髪で難を逃れた義輝の弟がのちの足利義昭である。

■将軍を殺して都の支配者になる

将軍を葬り去ってついに都の支配者となった久秀だが、その後も彼の周囲では争いの火種が尽きることはなかった。

東大寺の大仏は、久秀の放火によって首から上を失ってしまった。現在は復旧しているが、頭部のみ新しいために微妙に色が違う。

今度は手を組んでいた三好三人衆と呼ばれる三好家の重臣と対立をしてしまい、奈良の東大寺を本陣に立てこもった彼らと壮絶な攻防戦を繰り広げたのである。

その戦のさ中、手段を選ばない久秀は東大寺に火を放つという暴挙に打って出る。

寺のほとんどが炎に包まれて大仏殿は焼失し、大仏も野ざらしになったばかりか、その頭部は無残にも焼け落ちてしまったのだ。

これが久秀の3つ目の悪行といわれる大仏殿の焼き打ちである。

ところが、さしもの久秀も信長だけには手出しができなかったようで、足利義昭を擁して都に入った信長にはすぐに人質を差し出して降伏している。

■信長打倒をめざしチャンスをうかがう

腹黒さばかり目立つ久秀だが、意外にも風流人としての一面も持っていた。茶器のコレクターとしても有名で、信長の軍門に下ったときには、所有していた「九十九髪茄子《つくもなす》」という貴重な茶器を人質と共に信長に差し出している。

ところが、そもそも生まれついての悪人がいつまでも大人しくしているはずもなかった。久秀はこれまでやってきたように、主君である信長打倒のチャンスを狙っていたのだ。

そして、越後の上杉謙信が信長を攻めるという一報を耳にするや、信長に反旗をひるがえして堅固な信貴山城に立てこもったのだ。

あの信長を倒すまたとないチャンス、と久秀は小躍りしたことだろう。

■お宝とともに爆死をとげる

しかし、ここで思わぬ落とし穴が久秀を待ちかまえていた。後ろ盾になってくれるはずの謙信が動かず、孤立無援となった信貴山城は織田の大軍に囲まれたのである。この

松永久秀が死の間際に茶器を破壊する様子
（「芳年武者无類・弾正忠松永久秀」）

ときばかりは久秀も最期を覚悟したようだ。

ところが、稀代の悪人は最後まで己の道を貫いた。なんと、落城寸前になっても悠々と灸をすえていたのだ。

それだけではない。信長からは「平蜘蛛の茶釜」という名茶器を譲るなら命は助けてやろうともちかけられたものの、久秀はいっさい聞く耳を持とうとはしなかった。

そして、この茶器を首から下げて天守閣に立てこもると、みずから火薬に火をつけて茶器もろとも壮絶な爆死を遂げたという。

織田勢に踏み込まれれば、首をとられるうえに茶器まで巻き上げられてしまう。それなら何もかもあとかたもなく消し去ったほうがマシだ――。

久秀は、最後までアクの強さを貫いた68年の人生にみずから幕を引いたのだ。

そんな久秀は、じつは稀代の築城家としての顔も持ち合わせていた。彼の多聞山城は四重の天守を備えた壮大なもので、信長も豪華絢爛な安土城を築くときに手本にしたという。

その多聞山城は現在の奈良県奈良市法蓮町にあった平山城で、小高い丘の上に造られていた。

松永久秀が大和地方を統一したことを世間に知らしめるために築城したといわれ、ふんだんに築かれた石垣や分厚い土壁を持ち、建物の屋根は茅葺ではなく当時としては貴重な瓦葺きの屋根だった。

目立ちたがりのダークヒーローにふさわしい城だったといっていいだろう。

信長はしかし、自分の城よりもさらに豪華な城がこの世に存在することが許せず、松永久秀の死後、多聞山城をことごとく破壊したという。それほどまでに信長の嫉妬心をかきたてたということである。

しかし、そんなエピソードからすると、クセ者の信長は同じようにクセ者の久秀を心のどこかで買っていたのかもしれない。

戦国時代

主君を殺してのしあがった 陶晴賢

■主君殺しのむくい

戦国の世で何度となく繰り広げられた壮絶な戦の中にあって、今でも語り継がれるもののひとつが「厳島《いつくしま》の戦い」だ。

この戦は弘治元（1555）年、現在は安芸《あき》の宮島とも呼ばれる瀬戸内海の厳島を舞台に行われた。

安芸の智将として名高い毛利元就が、その兵力差から圧倒的不利とみられていた戦で奇襲をしかけて、みごとな勝利を収めたのである。

敵軍のわずか5分の1ともいわれた兵を率いて勝利した大胆な戦術から「日本三大奇襲」のひとつともいわれている。

この毛利軍の奇襲によって、大軍を率いながらも敗れ去った武将が陶晴賢《すえはるかた》だ。そもそもこの戦は、晴賢が主君殺しという大罪を犯したことに端を発しているともいえるのだ。

「厳島の戦い」の様子を描いた絵。下部に厳島の鳥居が描かれている。（「芸州厳島御一戦之図」）

陶氏は周防《すおう》（山口県）の大名である大内氏の家臣として古くから厚い信頼を受けてきた家柄で、晴賢はその陶氏を若くして継いだ。

生まれついての武人だった彼は、命をかえりみないその勇敢な働きによって武勲を立て、主君の大内義隆の右腕となってその名を上げていった。のちに敵対することになる毛利元就に援軍を送り、その窮地を救ったこともあったほどである。

そんな彼がなぜ主君の命を奪い、のちに下剋上を果たした武将の代名詞のようにいわれるようになったのだろうか。

■主君だった人間を自害に追い込む

血気盛んな晴賢は、当時の中国地方の覇者だった出雲（島根県）の尼子氏を攻めることを主張すると、主君の義隆を強引に説き伏せて出雲への遠征を実行した。

しかし、長期戦となったこの戦で大内軍は惨敗する。

そのうえ、この戦で後継者の晴持を亡くした義隆はすっかり落胆して、交戦派の筆頭だった晴賢を煙たがるようになる。

多くの血が流れる戦よりも歌会を好むような穏やかな性格だった主君と、武人タイプの家臣との間にはいつしか修復不可能な亀裂が入っていった。

このまま軟弱な主君が治めていては、周防はいつ隣国から攻め込まれるかわからない。そんな懸念を抱いた晴賢は、自分が大内氏を取り仕切って国を率いるという野望を胸に、ついに謀反を決意する。

そして、たくみな根回しで大内氏の家臣の多くを味方につけたうえで、義隆の屋敷に攻め入ったのである。

次々と家臣に見捨てられた義隆は、追い詰められて自害するしかなかった。

この「大寧寺《だいねいじ》の変」で、晴賢は義隆の嫡男も殺害。みずからの息のかかった者に大内

晴賢の最期を描いた「陶全姜敗死乃図」

家を継がせると、長年仕えた大内氏の実権をまんまと奪い取ったのである。

■かつての盟友に滅ぼされる

ところが、入念な計画の元に周防の国をかすめ取った晴賢の前に、かつて共に戦ったこともある毛利元就が立ちはだかる。

晴賢とは同盟関係にあった元就だったが、しだいに勢力を拡大させていき、ついに晴賢の傘下にある城までも攻め始めたのである。

下剋上を果たしてからわずか数年後に、今度は自分が攻められる立場になってしまった。これも戦国の世の宿命といえよう。

智将と呼ばれるほどキレ者だった元就は一計を案じ、偽の情報を流して晴賢の２万の大軍を厳島に誘い込む。

わずか4000あまりの元就軍を前にして、晴賢には慢心もあったことだろう。まんまと狭い島内におびき出された晴賢軍は、待ち構えていた毛利軍に急襲されると、身動きがとれないまま壊滅状態となってしまった。

晴賢はどうにか島を脱出しようとしたがついに果たせず、逃げ場を失うと自害した。このとき彼はまだ35歳という若さだった。

晴賢が厳島で命を絶ったことは間違いないようだが、その正確な場所ははっきりしていない。

ところで、

「何を惜しみ　何を恨みん　元よりも　この有様に　定まれる身に」

とは晴賢の辞世の句である。じつはこの句は現在でもよく知られ、人の生き死にを論じる際にはよく取り上げられる。

「いったい何を惜しいと思い、何を恨むことがあるだろうか。このように生きて、そして死んでいくことは、もともと定められていたことなのだ」といった意味である。

大胆不敵な戦いで主君を倒し、そして最期は潔く散っていった、その生きざまをよく表す句として今でも胸を打つものがある。

戦国時代

ライバルを殺しまくった 宇喜多直家

■暗殺・毒殺・謀殺を次々とおこなう

日本各地で覇権をかけて争いを繰り返した多くの戦国武将の中で、宇喜多直家《うきたなおいえ》ほど異色の人物はいない。

なぜなら、彼は戦らしい戦をほとんどせずに勢力を広げることに成功しているからだ。無名に近い家に生まれた直家が、織田や毛利といった強国の間でしぶとく生き残るために選んだ方法とは何だったのか。

彼が戦国の世でのし上がっていく様を見てみると、その人生は暗殺に毒殺、そして謀殺と、相手をたくみに陥れる数々の権謀術数で彩られているのだ。

直家が生まれた宇喜多家は、備前国、今の岡山県を治める大名の浦上《うらがみ》家の家臣だった。

祖父はなかなかのキレ者で、主君からの評価も高かったという。

ところが、直家がまだ幼かった頃、同じく浦上家に仕えていた島村盛実《もりざね》が突然夜襲をかけてきたのだ。

宇喜多家の居城は見るも無残に焼け落ち、味方からの不意打ちになす術もなく祖父は自害。直家は命からがら逃げのびた。

たとえ気を許し合った味方とはいえ、スキを見せればいつ寝首をかかれるかわからない。この世で信じられるものは自分だけだ。

のちにあまりの残忍さから「梟雄《きょうゆう》」と恐れられることになる彼の人生は、このときに始まったのかもしれない。

■敵も味方も踏み台にする

やがて成人した直家は、浦上宗景《むねかげ》に仕えた。

しかし、潤沢な金も兵力も持っていなかった直家は、敵味方おかまいなしにみずからの出世のための踏み台にしていったのだ。

まずは、浦上家の有力な家臣で、直家の義理の父親でもあった中山氏に謀反の気配を嗅ぎつけると、主君から中山氏を討ち取る命令を下させる。

さらに、この戦いに一族の仇でもある島村盛実を言葉たくみにおびき出し、戦のさ中に討ち取ってしまうのだ。

直家は積年の恨みを果たすと同時に浦上家の有力な家臣をまとめて２人も葬り去り、その領地まで手に入れたのである。

宇喜多直家木像（戦災で焼失。写真は戦前のもの）

■主君を追放して城を乗っ取る

さらに、備中（岡山県）の三村家親《いえちか》が大軍で攻め込んできたときには、正面から戦っても分が悪いと考え、鉄砲の名手を雇い敵将を狙撃して殺してしまう。

鉄砲自体がまだ目新しい武器だったこの当時、狙撃による暗殺事件など前代未聞の作戦だった。

また、ある山城を攻めあぐねていたときには、

直家の最期の場所になった岡山城（焼失前）。珍しい多角形の天守閣は、一説には安土桃山城を模したともいわれている。空襲で焼失したため、現在は建て直されている。

城主の穝所元常《さいしょもとつね》という武将が男好きであることを知って配下の美少年を送り込み、彼に敵将を暗殺させたうえで城を奪い取っているのだ。

　自分の娘を敵方に嫁がせておいて、相手を安心させてから戦をしかけるという残忍な手口も何度となく使っている。父と夫が戦を始めたために自害してしまった娘もいるほどだった。

　利用できるものなら、どんなものでも利用して自分の血肉にしていく。こうして着々と勢力を拡大していった直家は、代々世話になってきた浦上家を上回る勢力を手に入れるまでになった。

　そうして、安芸の毛利氏と通じて浦上家に謀反を起こし、ついには主君である浦上宗《むね》景《かげ》を追放。備前を乗っ取ってしまうのである。

直家の謀略はこの後も続いた。

破竹の勢いで領土を広げる織田信長が中国地方に触手を伸ばしてくると、信長の忠臣である羽柴秀吉を通じて織田側に近づき、一転して毛利とは断絶した。

こうしてまんまと信長に取り入って、宇喜多家は生き残ることに成功したのである。

そしてその後、みごとに宇喜多家を立て直して息子に託すと、53年の生涯をみずから築いた岡山城で終えている。

多くの戦国武将が無残な死を遂げていくなか、その人生はある意味、勝ち組だったといえるかもしれない。

そんな直家が、最期は自分の城の畳の上で死んだというのはなんとも皮肉なものだが、じつはその死因はわかっていない。

ある文献に直家の死について、「尻はすといふものにて、膿血出づることおびただし」という記述があることから、尻に何らかのできものができるような皮膚病か、あるいは大腸癌ではないかという説があるが、詳細は不明である。

いずれにしても、直家自身が暗殺した武将たちに比べれば、ある意味でまっとうな死に方をしたのは間違いないといっていいだろう。

安土桃山

天下を掴みかけた 織田信長

■現代に伝えられる信長の姿

京都市北部にある大徳寺総見院。ここには、年に数回の特別公開でしか見ることのできない、ある人物の木像が安置されている。

400年の時を経た今でも朽ちることなく、真っすぐに前を見据えるその眼力は、木像とはいえ見る者が思わず息を呑む。

重要文化財に指定されている「木造織田信長坐像」である。

織田信長の晩年の様子を表しているというこの木像は、信長の死後に秀吉が造らせた2体の像のうちの1体だ。

本能寺の変で明智光秀に討たれた信長の遺体はついに発見されなかったため、秀吉は

1周忌に間に合うように2体の木像を造らせる。

そうして、1体を遺体に代えて火葬に付し、残りの1体は菩提寺を建てて安置したのだ。

■死に際してもプライドを忘れない

天正10（1582）年の早朝、光秀率いる1万もの大軍に襲われた信長は、みずからの最期を悟ると寺に火を放つように命じた。

自害した自分の遺体を焼き尽くすためである。

もしも亡骸が敵の手に落ちれば、その首はおそらく京の都に晒されることになる。

最悪の事態を恐れた信長はみずから業火の中での死を選んだのだ。

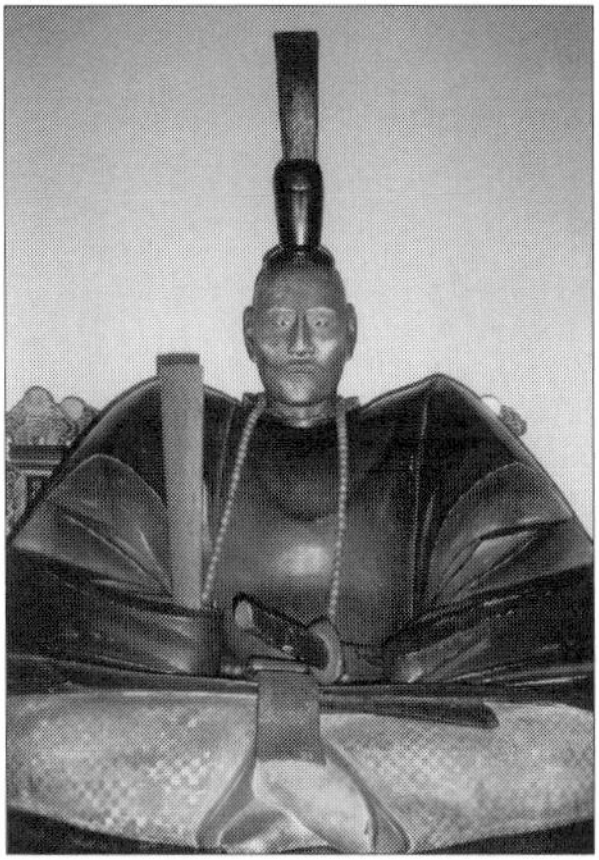
木造織田信長坐像（写真提供：大徳寺総見院）

信長という人物が、どれほどの強烈なプライドと美意識をもって戦国の世を生き抜いたのかが垣間見えるエピソードである。

自信家でプライドが高く、誰もがひれ伏す絶対的な権力者になることを望んだ信長は、家臣の忠告にも耳を貸そうとしなかったという。

もちろん、自分に歯向かう者はたとえそれが誰であろうとまったく容赦しなかった。そんな信長だけに、天下統一という野望を実現するためにひた走った49年の人生のうちには非道なおこないも数知れないのだ。

■天下獲りのためにおこなわれた暴挙

天下獲りを目指す信長に立ちはだかったのは、武家の勢力だけではなかった。広大な領地を支配し、屈強な僧兵を揃えた寺社勢力も例外ではない。信長は彼らも徹底的に叩きつぶしたのである。

まず彼は元亀2（1571）年、京都府と滋賀県にまたがる比叡山の延暦寺を焼き討ちにしている。

信長が延暦寺を恐れた理由のひとつは、彼らが反信長勢力の筆頭でもあった浅井長政や朝倉義景に通じていたことだった。
浅井・朝倉の連合軍である「甲斐の虎」こと武田信玄、そして延暦寺と四方を敵に囲まれた信長は、その包囲網が完全に機能する前に打って出たのである。

また、比叡山は京の都と信長の居城があった岐阜、さらには関東や東北などをつなぐ交通の要衝だったため、是が非でも押さえておきたい場所であった。

信長は、山門領といわれる彼らの領地を返還するか、あるいは浅井・朝倉に味方せずに中立の立場をとるかを迫る最後通告を延暦寺に送ったが、鉄砲隊まで配備した軍を組織した延暦寺側はこれを無視した。

こうして織田軍の総攻撃が始まったのである。

光秀をはじめ家臣の中には、天台宗の総本山である延暦寺を襲うことで仏罰が下るのではと恐れ

「信長比叡山を焼く」（「絵本太閤記 」二編巻六）

る者もいたが、それを気にかけるような信長ではない。

自分に逆らう者は命がない――。信長はまるで見せしめにするかのように、僧兵ばかりか麓の町に暮らす多くの町人までも手にかけたのである。

信長軍は比叡山へのすべての登り口を封じると、門前町に火を放ったのを皮切りに比叡山に攻め込んだ。

延暦寺の建物や仏像、貴重な経典は次々と炎に包まれ、戦というにはあまりに一方的な虐殺劇が繰り広げられたのである。

反撃に出た僧兵ばかりか、命乞いをする女性や幼い子供を含む3000人もの人々がなぶり殺しにされたといわれている。

■歯向かう者は力で押しつぶす

さらに、信長の軍門に下ろうとしなかった一向宗とは「石山合戦」と呼ばれる戦を始め10年以上にわたり抗争を繰り広げた。

大坂の石山本願寺を総本山とし、一向宗の勢力は伊勢や越前など各地で一揆を起こしては信長への反抗を続けたのである。

これらの抵抗勢力に対して信長側は多くの犠牲者を出し、また信長自身も傷を負ったが、それもいとわず信長は攻撃を加えて反対勢力を血祭りに上げている。

犠牲者の数は４万人にも上ったというが、恐ろしいのはその死者の数だけではない。

信長は降伏してきた宗徒を射殺し、立てこもった城ごと火にかけ、あるときは人質にしていた女性たちを磔にするよう命じたのだ。

歯向かう者はあくまで力づくで黙らせ、乱世の支配者として君臨しようとした。

この荒っぽいやり方はやがて身内の中からも反発を招き、みずからの破滅を呼び寄せたともいえるのだ。

一方で信長は、海外からやってきた宣教師たちと交流をもち、キリスト教の布教を認めている。これによってキリスト教は日本中に広まっていった。

本能寺で敵に攻め込まれる信長（「本能寺焼討之図」）

信長はお膝元である安土城の近くにセミナリオ（神学校）の開設を許可したほどだったが、自分がキリシタンになろうとしたわけではない。キリスト教は、あくまで仏教勢力を抑えるために必要な切り札だったのだ。じつに信長らしい割り切り方である。

後年、信長はキリスト教に友好的だったというイメージももたれたが、しかし今では信長はキリスト教を政治的に利用しただけであると考えられている。

もともと信長は神仏を嫌い、信仰というものからつねに一定の距離を置いていた。そういう意味では、信長にとっては仏教もキリスト教も同じような存在だったのだ。

ただ、キリスト教徒たちは信長に歯向かうことはなく権力を脅かしはしなかった。むしろ、海外の珍しい文物を信長に提供する、いわば都合のいい存在だった。そのことから信長は大きな圧力を加えなかったと考えられる。

安土桃山

信長を殺した天下の謀反人　明智光秀

■信長を殺した「天下の謀反人」

日本史上有名な反乱劇といえば、必ず名前があがるのが「本能寺の変」だ。

並みいるライバルを倒し、ついに念願の天下統一を目前に控えた織田信長が、忠臣だったはずの明智光秀の裏切りによってあっけなく歴史の舞台から去ってしまったのである。

なぜ、光秀は信長を殺したのか。

その理由はさまざまな説が唱えられているが、本当のところはいまだに明らかになっていない。

しかし、わずか100人ほどの兵を率いた本能寺の信長に対して、光秀は1万人以上の大軍を引き連れて襲いかかったのである。そこには、討ち損じることなく、何が何でも信長の首をとるという光秀の執念が感じられる。

■恥をかかされて恨みをつのらせる

当時、中国地方の制圧を狙っていた信長は中国地方の覇者である毛利氏に対して大軍を差し向けた。

この「中国攻め」の総大将に指名されたのが、光秀よりもはるかに若い羽柴秀吉である。

同じ信長の家臣とはいえ、秀吉は処世術に長けており信長にかわいがられていた。生真面目な性格でカタブツだった光秀は、次々と手柄を立てて出世していく秀吉を苦虫を噛み潰した顔で見ていたことだろう。

そんな苦しい胸の内を知っていてあえてそうしたのか、信長は光秀に対して、苦戦している秀吉の援軍に向かうようにと命じたのである。光秀がこれに腹を立てたことはいうまでもない。

この件ばかりでなく、光秀が信長に罵倒されたとか、人前で恥をかかされたという話は数多く伝えられている。

さらに、降服した敵将を信長が殺してしまったことから、人質として敵に差し出されていた光秀の母は報復で殺されてしまったのだ。

つまり、光秀の謀反は肉親を殺され、みずからのプライドをズタズタにされたことに対しての壮大な復讐劇だったともいえるのだ。

人々の前で信長に打たれる光秀（「新撰太閤記　此の人にして此病あり」）

■「敵は本能寺にあり」

秀吉に加勢するために中国地方に向かったはずの光秀は、「敵は本能寺にあり！」と突如として行き先を変えて、信長が宿泊していた京都の本能寺を急襲する。

光秀の大軍が本能寺を取り囲んだのは朝の6時前だったといわれている。

大軍を従え、早朝に襲いかかった光秀に信長

敗走した光秀が隠れたと伝えられる明智薮

はなす術もなく、みずから本能寺に火を放つと燃え盛る炎の中で自害した。

こうして、復讐の鬼と化した光秀はほんの1時間ほどで憎き信長を葬り去り、日本の歴史を変えたとまでいわれるクーデターを成し遂げたのである。

このとき信長は49歳、光秀は55歳だった。

■あっという間に敗北し殺される

ところが、この事件のあとの光秀は見る影もない。

自分に味方するようにと多くの武将に手紙を送ったものの、「反逆人」と後ろ指を指されるようになった光秀を支持する者は誰一人としていなかった。あげくの果てに、自分の娘を嫁がせていた細川家からもそっぽを向かれたのである。

孤立した光秀は、信長の仇を討つべく大急ぎで引き返してきた秀吉の４万もの大軍と「山崎の戦い」で刃を交えるも惨敗し、敗走中に自害して果てている。

本能寺の変からわずか10日あまり、光秀の「三日天下」は、みずからが信長を殺したときのようにあっけなく幕引きとなったのである。

ちなみに、光秀終焉の地は、京都市伏見区にある本経寺の近くにある。

かつてこの辺り一帯はうっそうとした竹やぶで、傷を負って動けなくなった光秀はその中で無念の最期を遂げたと伝えられている。

その死にざまは、「天下の謀反人」と恐れられた男にしてはあまりに寂しいものだった。

その光秀が最期を遂げた場所は、「明智藪」と呼ばれている。歴史的な観光スポットとしてはけっしてメジャーな場所とはいえないが、明智光秀がＮＨＫ大河ドラマで取り上げられたこともあり、近年注目を集めている。

安土桃山

謀略で天下を手にした 豊臣秀吉

■根回しをしてから戦を始める

戦国時代、あまたの武将が天下獲りを夢見るなか、天下を手中に収めたのが豊臣秀吉だ。

だが、いくら乱世とはいっても、運がいいだけで単なる草履取りにすぎなかった男が天下人にまで成り上がることはできない。

その点、秀吉は大きな武器を持っていた。人たらしと調略の才能である。

誰も思いつかない奇策や裏工作を駆使することで野望を実現していったのだ。

秀吉が頻繁に用いたのは、あらかじめ敵方の重臣や彼らに加勢する武将に接触し、寝返らせてから戦をしかけるという手法だった。

領地や報償をちらつかせたり、武力で脅しをかけながら言葉たくみに相手を丸め込んでしまうのだ。

備中高松城を水攻めにする秀吉の軍。水に囲まれた敵方は兵糧などの物資集めに苦労した。

また、戦に勝つためなら水攻めや兵糧攻めなど過酷な手段も辞さなかった。

なかでも「三木の干殺し」や「鳥取の渇《かつ》え殺し」は有名で、とりわけ鳥取城の兵糧攻めには秀吉の非道さがきわだっている。

まず、事前に周囲の米が買い占められた。通常よりも高い値段をつけたせいで城内にあった米まで売られたという。

そのうえ秀吉の兵が領民を痛めつけ、城内に逃げ込むように仕向けた。ただでさえ兵糧が少ないところに、多くの人間が集まってしまったわけだ。

秀吉の思惑どおりまたたく間に兵糧は底をつき、人々は雑草や木の皮、馬や牛も食い尽くした。餓死者が続出し、ついには遺体にさえ手を出したと伝えられている。

■かつての主家を乗っ取る

秀吉が天下獲りに向けて本格的に動き出すのは、織田信長が本能寺の変で倒れてからだ。

ただし秀吉は主君の敵を討った張本人だとはいえ、信長には成人した息子が２人もいる。

普通に考えればどちらかが跡目を継ぐことになり、家臣の秀吉がしゃしゃり出る余地などない。ライバルである柴田勝家は三男の信孝を推していた。

だが、秀吉はここで思いもかけない人物を担ぎ出した。

信長と共に命を落とした長男の息子で、わずか3歳だった三法師である。三法師は筋目からいえば嫡流に当たるというのがその理由だ。

むろん、こんな子供に政治が行えるわけがないのは百も承知である。秀吉が実権を握るために、三法師はじつに都合のいい〝駒〟だったのだ。

後継者を決める会議に出席した４人の中で、反対したのは勝家１人だった。あとの２

人にはいつものように根回しをしたのである。お得意の裏工作によって勝家を出し抜いたのだ。

勝家と信孝はその後も秀吉に抵抗したものの、戦に敗れて自刃に追い込まれた。

こうして秀吉は事実上、主家を乗っ取ってしまったのである。

■肉親を人質として利用する

しかし、織田家にはもう1枚のカードが残っていた。信長の次男である信雄《のぶかつ》だ。

彼が組んだ徳川家康は強敵で、「小牧・長久手の戦い」では秀吉軍が敗北する場面もあった。

この窮地を切り抜けるため、秀吉は敵の弱点を突くという手段に出る。凡庸な武将だった信雄に的を絞ったのである。

甲冑姿の豊臣秀吉

秀吉は彼の本拠地を攻め、浮き足立った信雄と密かに講和を結んでしまう。家康から主家の息子を援護するという名目を奪い取り、戦いを続行できないようにしたわけだ。

さらに、なかなか上洛に応じない家康のもとに自分の妹と母親を相次いで送り込むのである。

彼女たちはいわば人質である。肉親でも利用できるものは利用し尽くす冷淡さも兼ね備えていたのだ。さすがの家康もここまでされては上洛せざるを得なかった。

ちなみに会見の前夜、秀吉はこっそり家康の宿舎を訪ねて「明日はよろしく頼む」と依頼していったという。

秀吉にそう出られた以上はいくら家康でも秀吉の思惑に従わざるをえない。おそらく心中ではかなり苦々しく思っていたはずだが、秀吉の思うとおりに行動するしかなかったと思われる。

天下人という主役の座を射止めるために、裏では最後の最後まであらゆる細工を施していたのである。

安土桃山

19歳で天下を左右した 小早川秀秋

■「日本一の裏切り者」

絵姿で残されている武将の面構えといえば、たいてい立派な口ひげを蓄え、恫喝するような目つきで睨みをきかせているものだ。

ところが、豊臣家と縁の深い京都の高台寺に残されている一枚の肖像画には、見るからに気弱そうな、どこか困惑したような顔をした武将の顔が描かれている。

意外にもこの人物が、天下分け目の戦いといわれた関ヶ原の戦いで勝利の行方を左右した〝日本一の裏切り者〟といわれる小早川秀秋なのである。

彼が世紀の裏切りに走るまでには、いったい何があったのだろうか。

■養子縁組を白紙にされて追い出される

近江国《おうみのくに》長浜城下、現在の滋賀県長浜市に生まれた小早川秀秋は、幼い頃は羽柴秀俊と名乗っていた時期があった。

羽柴という苗字からもわかるように、彼は羽柴秀吉、のちの豊臣秀吉の養子だったのだ。

足軽から一国一城の大名にまで出世した秀吉だったが、正室である北政所《きたのまんどころ》との間に子供ができなかったように、子宝に恵まれないことが悩みのタネだった。

そこで、自分の後継者を育てるべく、有力な家臣の子供を何人も養子に迎えていたのだ。

なかでも秀秋の父親は北政所の兄だったことから、血縁に当たる秀秋は秀吉の後継者として大いに期待されていた。

周囲からもちやほやされて、本人もすっかりその気でいたことだろう。

ところが、秀吉と側室の淀君との間に秀頼が生まれると秀秋の株は急落して、まるで捨てられるように小早川家に養子に出されてしまう。

秀吉、ひいては豊臣家に対するわだかまりは、このときにすでに芽生えていたのかもしれない。

その後、養父の小早川隆景に鍛えられた秀秋は、朝鮮出兵では秀吉軍の総大将を任せられるまでになった。

ところが、まだ若く血気盛んな秀秋は、戦場で味方を助けるために本陣を離れてしまう。

このことで、秀吉の側近である石田三成から大将にあるまじき軽率な行動だと非難を受け、帰国後に失脚寸前まで追い込まれたのだ。

このときは徳川家康が間に入ってくれたことで秀秋はことなきを得たが、秀秋は家康に大きな借りをつくったのである。

一方で、味方であるはずの三成に対して疑心暗鬼になったのはいうまでもない。

関ヶ原への伏線は次々と張られていったのである。

高台寺に残る小早川秀秋の絵姿

■大きな戦いを前にしても煮え切らない

時は流れ、秀吉亡き後のことだ。石田三成は天下獲りへの野心をあらわにした徳川家康を討つことを決意して、豊臣系の武将たちに向けて檄文《げきぶん》を送る。

こうして、家康率いる東軍と三成率いる西軍との間で全面戦争が始まった。

これこそ、その後の日本の運命を決めた「関ヶ原の合戦」である。

このとき、まだ10代だった秀秋は西軍に身を置いたものの、豊臣家や三成との確執もあってその態度は何とも煮え切らないものだった。

寝返りを企んでいるのではないかと味方から疑われていたほどで、西軍内では謀反を警戒して、ひそかに秀秋暗殺の計画が練られていたという話もあるのだ。

肖像画に描かれた秀秋の思案顔は、そんなはっきりしない彼の胸の内を表しているのかもしれない。

■天下分け目の戦いを決する位置に立つ

やがて秀秋は、自軍を率いて関ヶ原一帯を見下ろす松尾山に姿を現した。

現在では多くのハイキング客が訪れるこの里山の山頂に「小早川秀秋陣跡」という石碑が残されているように、秀秋はこの場所に陣を張っている。

松尾山から戦況をうかがう小早川軍（「関ヶ原合戦図屏風」）

この松尾山には秀秋の心変わりを防ごうとした西軍の使者ばかりか、彼を取り込もうとする東軍からも使者が訪れたという。

一進一退の戦況のなか、なかなか動こうとしなかった秀秋の決断を促したのはほかならぬ家康だった。

戦況をうかがいながらどちらに味方すべきか思案していた秀秋の腹の内を見透かしてか、家康は松尾山に威嚇射撃を行ったのである。

これをきっかけに秀秋はついに腹を決めると、松尾山を駆け下りて憎き三成率いる西軍に攻め込んだのだ。

しかも、秀秋の裏切りをきっかけに西軍の武将たちは相次いで敵軍へと寝返っていった。最後の

関ヶ原で小早川秀秋は大谷吉継軍と激突した。最終的に勝利は得たものの、秀秋は吉継の怨霊の妄想に悩まされたという。（「魁題百撰相　金吾中納言秀秋」）

最後まで煮え切らない態度をとっていた秀秋が、奇しくも天下分け目の大一番でキーマンになったのである。

こうして西軍は総崩れとなり、敗れた三成は捕えられて京都で処刑された。時代は豊臣の世から徳川の世へと移っていったのである。

■21歳でこの世を去る

最終的には東軍の一員として勝利を収めた小早川秀秋だったが、関ヶ原の戦いから2年後、21歳の若さでその生涯を閉じている。

死因は病死といわれているが、裏切り者として後ろ指を指されるようになったことから酒に溺れ、肝臓を病んだことが原因だったという話もある。

家康を勝利に導き、時代を大きく動かした秀秋だったが、裏切りの代償もまた大きなものだったようだ。

それだけではない。小早川秀秋によって自害することになった武将によって呪い殺されたという話や、自分の人生を振り返って自問自答しノイローゼイになって自害したという話もある。

あまり現実的ではないが、しかしその人生を思い返せば、もしかしたらそんなこともあるかもしれないと思わせるのも事実だ。

さらに秀秋が死んだあとの小早川家は、跡継ぎがいなかったのでそのまま無嗣断絶、そして改易ということになった。

2章 江戸時代の黒幕たち

江戸前期

江戸幕府の転覆を企んだ 由比正雪

■カリスマ性を持ったクーデターの首謀者

戦国乱世にピリオドを打ち、太平の世をもたらした江戸幕府。

その初期に、再び世の中を騒乱の渦に巻き込もうと企んだ人物がいた。

江戸を火の海にして幕府転覆を図ろうとしたクーデターである「慶安《けいあん》事件」の首謀者である由比正雪《ゆいしょうせつ》だ。

由比はもともと駿府、現在の静岡県の商人の息子だったが、江戸に出て軍学者である楠不伝の家に転がり込み、信用を得て家督を譲られる。彼はその饒舌さで人々を惹きつけたという。

やがて軍学道場を開くと、そのカリスマ的な妖しい魅力に憑かれた浪人たちが次々と入門、たちまち門弟の数は膨れ上がった。

由比は相次ぐ大名の取り潰しで江戸にあふれた浪人らの心中を代弁するように、ときにエキセントリックに反幕的な思想を説き、窮乏している彼らの心をつかんでいく。

こうして浪人たちから教祖のごとく盲信されていくなかで、彼らを巻き込んで恐るべき陰謀を企てたのだ。

由比正雪（右）と仲間の丸橋忠弥（左）

■黒幕がいるふりをして仲間を集める

由比が密かに幕府の転覆を計画したのは、絶大な権勢をふるった第3代将軍徳川家光が死去し、第4代将軍家綱の治世が始まったばかりの頃である。

家綱はこのときわずか11歳だった。幕府を転覆させるのには千載一遇のチャンスだったといえる。

まず、由比は紀州藩主の徳川頼宣《よりのぶ》が影の盟主であるかのように装った。幕府を倒すからにはそれなりの人物がバックにいると周囲に思い込ませる必要があったからだ。

頼宣は家康の十男で、性質は豪気でわがまま、浪人を数多く召し抱えて幕府からも要注意人物としてマークされていた。

謀反の黒幕に仕立て上げるにはもってこいの人物だったのである。

■クーデターの計画

クーデターの筋書きは非情で容赦ないものだった。

総師である由比は駿府の久能山《くのう》で全体の指揮に当たり、部下の浪人たちが江戸で大樽に詰めた火薬を爆発させる。

火の海となってパニックに陥ったところで江戸城に突入し、将軍を人質にして重臣らを皆殺しにする。

続いて京や大坂、駿府でも同様に火を放って蜂起し、駿府城を乗っ取った由比が新たな将軍を担ぎ出して新政府を樹立するというものであった。

静岡県静岡市にある由比本陣跡。この近くに由比正雪の生家がある。

■計画が発覚し自害する

しかし、もし実行されていたら何千人もの町人が犠牲になったかもしれないこのクーデター計画は、いとも簡単に露見してしまう。

部下の一人である奥村八左衛門が兄の権之丞に計画をうっかり漏らしてしまったのだ。権之丞は松平伊豆守信綱の家臣だったため、慌てて信綱に陰謀を訴え出た。

信綱は島原の乱を鎮圧し、「知恵伊豆」と呼ばれるキレ者の老中である。

その夜のうちに江戸で待機していた実行犯は捕えられ、駿府に旅立っていた由比にもすぐに幕府の追手が迫った。

事件の発覚を悟った彼はその場で自害した。

その首は安倍川の川原に晒し首にされ、計画に加わった一味もすべて捕えられた。

しかも、その妻や父母、兄弟、幼い子供までもが見せしめのために磔や斬首の刑に処されたのだ。

江戸中を焼け野原にしたかもしれない由比正雪の乱は、こうして未遂のまま幕を閉じたのである。

この事件以降、幕府は大名の取り潰しを緩和するなどして浪人の発生を防いだ。そのため、幕藩体制は揺るぎないものとなったのだ。

浪人たちの心をつかんで扇動し、おおがかりなクーデターを計画した由比正雪だったが、最後に至っては彼を救おうとする浪人はだれもおらず、あっけなく捕らえられてしまった。

そういう意味では、最初から中途半端なクーデター計画だったともいえるのかもしれない。

江戸中期

人間よりお犬様が大事 徳川綱吉

■犬のために人間を死罪にする

15代まで続いた徳川将軍の中でも、綱吉といえば悪政を行ったことで有名だ。「生類憐みの令」がその理由で、「犬公方《いぬくぼう》」の異名もここから来ている。

生類憐みの令は、平たくいえば「生き物の命は大切にせよ」ということだが、実際は「生きとし生けるものすべてを殺してはならない」という極端な動物愛護法として広まった。

そして、綱吉が戌年生まれだったため、特に犬を寵愛したことが知られている。

たとえば、「○○町の男が犬を斬り殺しました」と密告した娘に金子50両を与え、密告された男を死罪にしているほどだ。

「命を大切にする」としながら、人の命は粗末にしたのだから矛盾するにもほどがある。

当時の人々にそんな悪法を強いたことから、綱吉は徳川きっての暴君だったと後ろ指を指されている。

綱吉は、第3代将軍の徳川家光が43歳のときに四男として生まれた。義父である家綱の跡を継いで5代将軍になったのは35歳のときだったが、遅咲きの将軍はその暴君ぶりを就任後すぐに発揮している。

まず、綱吉は自分が将軍になることに反対していた大老の酒井忠清《ただきよ》をクビにして、屋敷を没収する。

その代わりに、自分を将軍に推薦してくれた堀田正俊を後任にすえて、酒井の屋敷を与えたのだ。

■うるさい老中たちを遠ざける

やっと巡ってきた将軍の権力を盾に、綱吉は政治改革を断行した。

「天和《てんな》の治」と呼ばれる改革で綱吉は、泰平の世ですっかり堕落してしまった大名や旗本の身分を取り上げて所領や屋敷を没収したり、不正を犯す代官らを多数処罰している。

これによって役人たちは裏で悪事を働くことをやめ、与えられた仕事を忠実にこなすことに懸命になったといわれる。

しかし、堀田正俊が城内で斬殺されたのを機に、風向きは変わってくる。

安全面を理由に綱吉は老中らの部屋と自分の部屋を離し、その間の連絡係として側用人を置くようになった。

そして、まるで待っていたかのように綱吉は好き勝手を始めるようになる。

大老を任命せず自分の意のままになるような家臣ばかりをそばに置き、一方でうるさいことを言う者は遠ざけたのである。

一説には、堀田正俊斬殺事件の黒幕は綱吉自身だったとの噂さえある。生類憐みの令はそんななかで発布されている。

自分に意見する者がいなくなったことで、綱吉は一気に暴君の本領を見せ始めたのだ。

徳川綱吉

■じつはかなりのマザコン

生類憐みの令が生まれた背景には、綱吉が子供に恵まれなかったことがある。

そもそも綱吉に「子供に恵まれないのは前世で生類を殺傷した報いであり、現世で生類を大切にすれば前世の罪を償うことができる」と説いたのは、彼の母親である桂昌院が帰依していた僧だった。

じつはかなりのマザコンだったという綱吉は疑うことなくそれを信じ、人々にあらゆる生き物を愛護することを命じたのだ。

魚も鶏も殺してはいけないし、生まれた卵も食べてはいけない。背いた者には死刑や島流しなどの重罰を科したのである。

綱吉はこの法を「私の死後も百年は続けるように」と言ったという。

■犬小屋の費用を住民に負担させる

しかも彼は、およそ29万坪ともいわれる敷地にたくさんの犬小屋を建てて、ピーク時には10万匹もの犬を世話させたという。

29万坪といえば、東京ドームでいえば約20個分だ。そこに犬専門の役人や犬医者を置き、年間10万両あまりの巨額の経費を投じたともいわれている。現在ならば100～200億円にもなる金額だ。

そのうえ費用を庶民に負担させたのだから、綱吉の悪評が立ったのはもっともだ。

かつて犬屋敷があった中野区役所前には、今でも犬の像や記念碑が設置されている。

■インフレや災害に襲われる

綱吉の悪政は犬の件ばかりではない。神社仏閣の建立や修繕にも力を入れたために、幕府の財政はひっ迫してしまった。

そこで、金貨や銀貨を金や銀の含有量の少ないものに造り直させることで解決しようとしたのだ。

ところが、粗悪な貨幣が出回ったことで貨幣の価値は下落し、物価は高騰してインフレを招いてしまったのである。

さらに、晩年の綱吉は運からも見放されたように次々と天災に見舞われた。最愛の母、桂昌院が死んだ頃には富士山で宝永の大噴火が起き、江戸は大火や洪水に襲われた。

翌年にははしかも大流行した。人々はそれら天変地異さえもすべて悪政のせいだと綱吉を責めたという。

その後、64歳ではしかにかかって死んだとされる綱吉だが、結局、跡継ぎには恵まれずじまいだった。

死後も〝無理心中を図った正室の信子に刺し殺された〟というゴシップが流れたように、最後まで庶民から憎まれた将軍だったようだ。

江戸前期

「悪政の黒幕」と呼ばれた柳沢吉保

■綱吉のお気に入りとしてのさばる

徳川綱吉のそばに仕えて異例の大出世を遂げ、「柳沢時代」といわれるほど権力を握った人物が柳沢吉保《よしやす》である。

驚くことに、吉保の年収は30年足らずでおよそ1000倍近くにもなったという。

ところが、赤穂四十七士の討ち入り劇で知られる『忠臣蔵』などで描かれる柳沢はもっぱら悪役だ。

話の中で柳沢は、浅野内匠頭が起こした刃傷事件で、浅野には切腹、吉良上野介には一切おとがめなしの判決を下すよう裏で示唆した人物とされている。

そんなふうに描かれてしまうのも、彼が綱吉に気に入られるためなら何でもしたといわれているためだ。

柳沢のおかげで綱吉はやりたい放題ができたのであり、柳沢こそが悪評高き綱吉将軍を育て上げた「悪政の黒幕」とも考えられるのだ。

柳沢は綱吉の家臣・柳沢安忠の三男として生まれ、18歳で家禄を継ぐと、小姓と呼ばれる雑用係として綱吉に仕え始めた。

当時はわずか160石の家禄しかない、家臣としては下級の部類だった。それが15万石の甲府城主にまで上り詰め、悠々自適な生活を送って生涯を終えているのだ。

■自分の妻を将軍に差し出す

柳沢が出世するのに最も大きなきっかけとなったのは、綱吉が将軍になって数年後に起きた堀田正俊の斬殺事件だ。

大老として権勢を振るっていた堀田が殺害された謎の多い事件である。

事件の直後、綱吉の一番の側近であった牧野成貞《なりさだ》が、事件を報告するべく慌てて綱吉の座敷に入ろうとした。

このとき、成貞を制して刀を身につけたままであることを諫めたのが雑用係の柳沢だったのである。

その冷静な対応に一目置いた綱吉は、柳沢を成貞に次ぐ側用人、いわば秘書役に抜擢したといわれている。

柳沢吉保

また一説によると、柳沢の側室の一人、染子は綱吉のお手つきだという噂がまことしやかに語り継がれている。

つまり、綱吉が愛人の一人を柳沢に回して面倒をみさせたというのである。

しかも後に染子が生んだ吉里は、綱吉の子供ではないかとまでいわれているのだ。

なぜなら柳沢が側用人になったのは染子が吉里を産んだ翌年であって、その年の家禄は2000石から一気に1万2000石以上になっているからだ。

もちろん幕閣の端くれとして、今も残る埼玉県の三富新田《さんとめしんでん》の開発などを行って仕事の面でもやり

柳沢吉保の下屋敷だった六義園は現在、都立庭園として人々の目を楽しませている。(© 京浜にけ and licensed for reuse under Creative Commons Licence)

手であったことは確かだ。

しかし「将軍の子の養育」という役目があったからこその出世であったとの見方が強いのも事実である。

■将軍の政治の私物化に加担

雑用係の時代から綱吉が学問好きと知ればその一番弟子を願い出て、中楽《さるがく》（奇術やものまねなどの演芸）を好むと聞けばそれを身につけて綱吉を楽しませるなど、早くから綱吉に取り入る術を知っていた柳沢である。

側用人となったあとは、綱吉の暴走を諫めようとする老臣らを抑え、綱吉の政治の私物化に加担していた。

さらに甲府城主となったときにも、みずからの領地で生類憐みの令を守らせて、綱吉に気に入られようとする努力を惜しまなかった。

じつは、前述の堀田斬殺事件も、綱吉が大老である堀田を目ざわりに思っていると察知した柳沢の企てなのではないかとの憶測もある。

それだけ彼は盲目的に綱吉に仕えたのであり、これ以上ない綱吉の忠実な家臣だった。

ただし、晩年は綱吉亡き後のことを考え、綱吉の後継者となる徳川家宣と早々に結託している。

それらのすべてが確実にみずからの立身出世に結びついていることが、柳沢吉保という人物のしたたかさを物語っているのだ。

人生の最後に穏やかな隠居生活を送り、現在の東京都豊島区の駒込にある六義園で人生の大団円を迎えている。

現在では「主君に忠実で、温厚・誠実な人柄」という評価が定着しているが、しかし、必ずしもそうとばかりはいいきれないのもまた事実である。

江戸中期

部下をいじめた 吉良上野介

■斬りかかられるほど浅野を追い詰める

時は元禄14（1701）年3月14日、場所は江戸城中――。

その日は京の朝廷から勅使を迎えての儀礼の最終日だった。

まもなく将軍の徳川綱吉が儀礼の場に入るというときのこと、その部屋に通じる松の廊下で事件は起こった。

赤穂藩主である浅野内匠頭長矩《あさのたくみのかみながのり》が、突如として高家筆頭の吉良上野介義央《きらこうずけのすけよしひさ》に小刀で斬りかかったのだ。

『忠臣蔵』として有名な赤穂事件の始まりである。

内匠頭は、「この間の遺恨、覚えたるか！」と叫びながら、額と肩に傷を受けてよろよろと倒れた上野介に、さらに斬りかかろうとする。

その場に居合わせた者が内匠頭を後ろから取り押さえ、上野介が慌てふためいて逃げ出したため、騒ぎはとりあえず収束する。

松の廊下で斬りかかられる吉良上野介（「忠雄義臣録」）

しかし、この一件を耳にした将軍綱吉が激怒したのはいうまでもない。

内匠頭にはその日のうちに切腹が命じられ、さらには御家断絶という厳しい処罰が言い渡される。

赤穂藩の江戸藩邸と赤穂城は明け渡しを命令され、家臣らは城下から退去。浪人となって各地へ散らざるを得なかった
ところが一方の上野介はというと、なんのおとがめもなかったのである。

喧嘩両成敗どころか、なんとも上野介びいきの裁定だといえる。

実際、目付けの調べに対して上野介は、「恨みを受ける覚えなど、まったくございませぬ。内匠

頭は乱心したのでしょう」と、いかにも一方的な被害者であるように答えているのだ。

それならば、なぜ内匠頭は切腹すら覚悟のうえで上野介を討とうとしたのだろうか。

じつは、事件の背景には上野介のたび重なる陰湿なイジメが隠されていたのである。

■ウソをついて相手の仕事を妨げる

吉良家は代々、幕府と朝廷との間の典礼をつかさどる高家という役職に就いていた。

つまりは礼法の指南役で、使者を接待する役目を任じられた内匠頭《うちのたくみのかみ》を指導する立場にあったのである。

難解な手順やしきたりがある式典に通じていた上野介には、どのような名家も媚びて指南料として賄賂を渡して教えを受けていたのだが、潔癖な内匠頭はこれを拒否した。

そのことに立腹した上野介が、内匠頭にさまざまな嫌がらせをしたといわれているのだ。

なかでも知られているのは、芝増上寺の畳替えにまつわるウソである。

浅野家は都からの使者が泊まる芝増上寺の掃除を命じられていたが、畳替えをすべきかどうかを上野介に質問したところ、「そこまでしなくてもいい」という答えが返ってきた。

そこで畳は替えないでいたところ、前日の夜になってじつは畳替えが必要だということが判明したのである。

このままでは大失態になると焦った浅野家の家臣たちは、江戸中をかけ巡って畳職人を集め、家臣らも一緒になって200枚以上もある畳を徹夜で新しいものに取り替えたのだ。

そのほかにも、誤った接待料理の内容を教えたり、事件当日も儀式で身につける式服の種類を偽って教えるなどのイジメが続く。

何度も恥をかかされた内匠頭が怒りを募らせていったとしてもおかしくはない。

ほかにも内匠頭の美しい妻に上野介が横恋慕したとか、吉良の領地も赤穂藩もいずれも塩の産地だったが、赤穂は「入り浜式」という能率的な製塩技術を取り入れていたため、この技術を上野介が盗もうと画策して因縁が生まれたなどの諸説がある。

■卑怯なやりかたで恨みを買う

じつのところ、2人の間の遺恨が何だったのかははっきりしていない。

だが、これだけ多くのエピソードが伝えられているからには、恨みに身に覚えがないという上野介の言い分は疑わしい。

吉良邸に討ち入る赤穂浪士たち（「仮名手本忠臣蔵」十一段目）

しかも、自分も手傷を負ったとはいえ、悶着のあった相手をまんまと切腹に追いやったのだから、上野介は内心ほくそ笑んでいたかもしれない。

いずれにしろ、こうした上野介のやりかたが赤穂浪士の討ち入りを引き起こしたことになる。

■家に押し入られ殺害される

自分にはなんの非もないとシラを切りとおした上野介にも最期のときが迫っていた。

松の廊下の刃傷事件から1年9ヵ月がたった元禄15（1702）年、師走の雪が降りしきるなか、赤穂藩の筆頭家老だった大石内蔵助《くらのすけ》率いる47人の赤穂浪士が本所にある吉良邸に討ち入ったのである。

その日、吉良邸では盛大な茶会が催されていたため、夜になると人々は酒に酔ってすっかり寝静まっていた。

そこを襲われたのだからひとたまりもない。吉良家の家臣は次々と斬られ、炭小屋に一人で隠れていた上野介もついに見つけられる。

命だけは助けてほしいと懇願したが、聞き届けられるわけもなく討ち取られたのだ。上野介の首は高輪・泉岳寺にある内匠頭の墓前に捧げられ、その後、吉良家は御家断絶の憂き目をみることになるのである。

一方の四十七士は本懐を遂げたものの、その後の幕府の裁定により次々と切腹する。しかし、世間からは武士の鑑と賞賛され、討ち入りから50年近く経って赤穂事件をモデルにした人形浄瑠璃『仮名手本忠臣蔵』が上演されると絶大な人気を博し、現代に至ってもその勇姿は人々に語り継がれている。

民衆の心をつかみ、悲劇の主人公となった浅野内匠頭と四十七士とは対照的に、吉良上野介は江戸時代最悪のヒールとして今も君臨しているのだ。

江戸中期

金と謀略にまみれた老中 田沼意次

■出世のために大奥を利用する

260年あまり続いた江戸時代に、賄賂によって私腹を肥やした為政者は何人もいる。そのなかでも「賄賂政治家ナンバーワン」とまでいわれた悪名高き人物は、田沼意次《たぬまおきつぐ》をおいてほかにいない。

彼は「田沼時代」と呼ばれる金権にまみれた時代を築いたが、意外なことにそのスタートは禄高わずか600石の小姓からである。

15歳のときに第9代将軍徳川家重の小姓となった意次は、家重に取り入ってとんとん拍子に出世した。

続く第10代将軍家治からも絶大な信頼と愛顧を勝ち取って、5万7000石の大名にのし上がる。

54歳のときには、ついに名だたる大名家をさしおいて老中にまで上り詰め、異例の大出世を遂げたのである。

この間、計算高い意次は出世の足固めのために大奥まで掌握し利用している。

当時はいくら将軍の寵臣でも、大奥を敵にまわせば失脚することもありえたのだが、意次はいとも簡単に大奥を懐柔する。

というのも、彼は端正な顔立ちをした無類の美男子だったからだ。

大奥の女性たちは意次の色男ぶりに難なく籠絡《ろうらく》されてしまったという。

なかでも意次と懇意になったのが、家治の乳母として権勢をふるっていた松島だ。松島は

田沼意次

ひそかに、家治に側室を持つよう勧めてほしいと相談を持ちかけたのだ。

意次はこれ幸いと松島と手を組み、家治に側室を推挙する。

この側室が男子を産めば、松島に恩を売れるのはもちろんのこと、次期将軍とその母をも自在に操ることができる。

この裏工作は成功して、意次が取り次いだ側室のお知保《ちほ》の方が男子を出産した。

こうして足場を固めて幕政の実権を握った意次は、幕府の財政再建のため手段を選ばずにさまざまな政策を断行していくことになる。

■経済を活性化させ賄賂を受け取る

意次は商人に専売制を与えて課税し、貨幣で納税させ、金銀通貨の一本化や海外貿易の活性化にも積極的に取り組んだ。

これまでの米を基本とする重農主義から、商業重視の政策へ大きく経済を転換させたのだ。

これにより景気は上向きになったものの、人々は金銭中心に物事を考えるようになり、賄賂が横行することになる。その象徴ともいえる人物がまさに田沼本人だった。

政権の座に君臨していた意次には、諸家がこぞって金銀や趣向をこらした贈り物を届けるようになっていたのである。

賄賂に対して意次は、「たいした贈り物をしない者は志も忠義心も欠けている」と自分に都合のいい理屈を平然と言ってはばからなかったという。

その言葉のとおり、彼は賄賂を差し出した者や親類縁者ばかりを次々と出世させていった。

しかし、結局はこれがもとで恨みを買って破滅を招くことになったのだ。

■大事な長男を殺される

天明4（1784）年の春、意次の嫡男であり若年寄を務めていた意知《おきとも》が、江戸城桔梗《ききょう》の間で斬り殺されてしまった。

この事件の黒幕には反田沼派がいたのではないかともいわれる。

貨幣中心の社会となったことで商人の地位が上がり、武士の力は落ちてしまったため、武士の間には憤懣《ふんまん》が溜まっていたのである。

加えてこの時代は天災や飢饉も重なり、意次の失政で諸藩の財政は困窮していく。

これが厳しい年貢の取立てにつながって、武士だけでなく民衆にも意次への批判が高まっていたのだ。

息子を殺された彼は同情されるどころか、「親の因果が子に報いた」と陰口をたたかれるほどだった。

これ以降、反田沼派の大名たちが勢いを増していく。

■失脚の後、財産を召し上げられる

事件から2年後の夏に将軍家治が病気のため危篤に陥ると、家治に拝謁《はいえつ》しようと登城した意次は将軍の側近らに行く手をさえぎられて、そのまま老中を解任される。

表向きは家治の命令とされたが、この失脚劇は反田沼派が仕組んだことだった。

この頃になると大奥にも反対勢力が生まれていた。

お知保の方の息子・家基《いえもと》はこの数年前に急死していたが、その死因が意次による毒殺だという噂があったからだ。お知保の方はこれを信じて意次を心底憎んでいた。

家基は聡明な青年で、彼が将軍になれば意次はこれまでのように独断での政治がしにくくなる可能性は大きかった。

つまり、意次にとって家基は邪魔な存在になりかねなかったのである。失脚後、意次は第11代将軍家斉に解任の不当性を訴えて老中の座に返り咲こうと試みる。

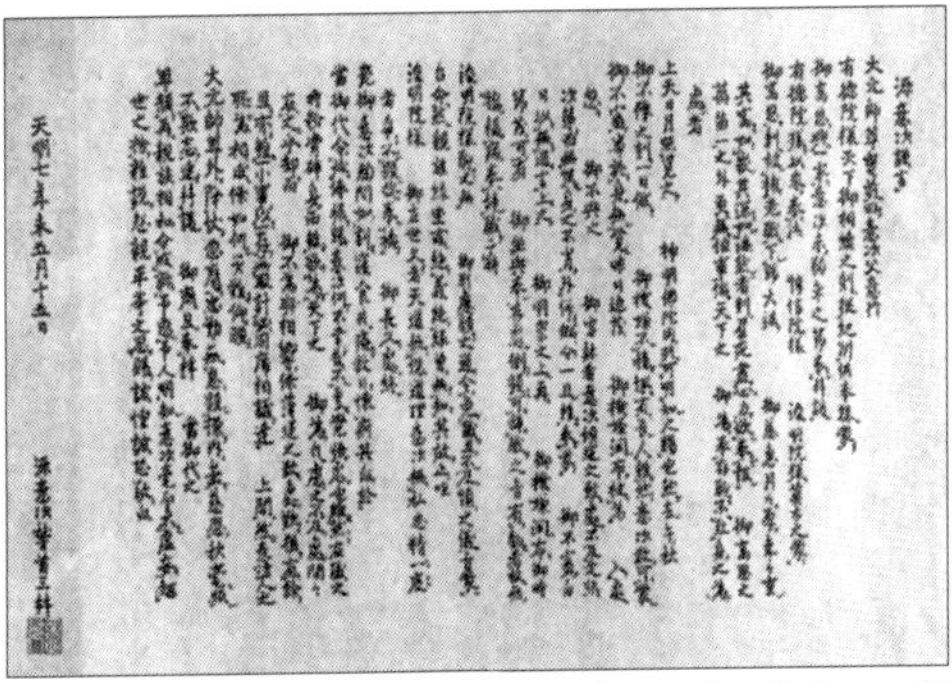

漢文で書かれた田沼意次の上奏書。自分の身は潔白で、病気を理由に職を辞したのは仕方がなかったことなどが書かれている。

しかし、新たに老中になった松平定信らの意見にしたがった家斉は、逆に意次を厳罰に処す。

その内容は、田沼家の閉門、所領の没収という厳しいものだった。

意次が発した商業重視の政策もすべて廃止。結局、地位も財産も失った意次はわびしい晩年を過ごし、70歳にしてこの世を去った。

一方で、税金制度や統一通貨など意次の経済改革は明治維新後に新たな形で実現し、日本経済を支えていくことになる。

江戸中期

将軍の子供を自称した天一坊改行

■徳川吉宗の隠し子?

将軍の御落胤《ごらくいん》といわれると、どうしてもテレビドラマや小説の中の話を思い浮かべてしまうが、その御落胤、つまり隠し子を主人公にした話はとかく多い。

なかでも有名なものといえば、第8代将軍の徳川吉宗の世を舞台にした「天一坊《てんいちぼう》事件」である。

ある日、天一坊と名乗る若者が手下を引き連れて江戸城下に現れる。彼は、自分こそが吉宗の御落胤であるといって証拠の短刀をちらつかせて、将軍に面会を求めたのである。

しかも、吉宗のほうでもその短刀には見覚えがあった。かつて紀州で暮らしていた時代に、愛人に自分の短刀を渡したことがあったというのだ。

これがすべて事実なら、将軍の血を引く天一坊は大名に取り立てられるどころか、場合によっては次期将軍候補にその名前があがるかもしれない。

天一坊（右）と大岡忠相（左）（「天一坊大岡政談」）

将軍家を揺るがす大スキャンダルに江戸中は騒然となったのである。

この話を怪しいと睨んだのが、吉宗の右腕として江戸の治安を守った町奉行の大岡忠相《ただすけ》だ。

彼は密かに調べを続け、吉宗が天一坊と面会を果たす直前、天一坊がまったくの偽者であることを見抜いたのである。

こうして天一坊一味は御用となり、将軍までも巻き込んだ大がかりな詐欺事件は名奉行・大岡の活躍でどうにか防がれた。

ところが、この御落胤騒動はただのつくり話ではなかった。天一坊の話には、モデルになった事件が実在したのである。

■将軍には身に覚えがあった？

事件が起きたのは18世紀の江戸、やはり徳川吉宗が将軍として権勢を振るった享保の世のことだ。

ちょうど夏の暑い盛りの頃、幕府にある訴えが寄せられた。源氏坊改行《げんじぼうかいぎょう》と称する山伏が、自分は将軍家の血筋の者で近々大名に取り立てられる、と触れ回っている。

そんな彼に金品を差し出す者もいるほどで、そのうえ素姓のわからない浪人を何人も従えるようになり、その周辺には不穏な空気が漂っているというのだ。

このとき調査にあたったのは大岡忠相ではなく、関東郡代、今でいう知事のような役職にあった伊奈半左衛門《いなはんざえもん》という人物だった。

伊奈は慎重に内偵を進めた。いや、慎重に進めざるを得なかった。

吉宗は若い頃から女性関係の噂が絶えなかった人物で、改行が将軍の隠し子である可能性も否定できなかったからである。

鈴ヶ森刑場跡に残されている磔台の石。中央の穴に柱を立て、その上部に罪人を縛りつけて刺殺した。

■刑場で獄門刑を受ける

そうして半年あまりの調査の末、伊奈はようやく改行一味を捕えた。

改行は厳しい取り調べに耐えかねて、彼の母親が紀州家に女中として仕えていたときに自分を身ごもったことや、その母から彼は「由緒ある血筋」であるとたびたび聞かされてきたことを白状した。

彼の言い分によると、みずからが御落胤であることを示す由緒書も存在したという。

ところが、結局彼が吉宗の子であることを示す証拠は何ひとつ見つからなかった。彼は、大名になったあかつきにはそれなりの役職に就かせると人々をだまして甘い汁を吸っていたのだ。

その後、改行は御落胤をかたって人々をかどわかした罪で、江戸三大刑場のひとつである鈴ヶ森刑場において獄門刑に処せられた。

しかし、いくら将軍の名を語ったとはいえ、はたして身分を偽った罪だけで首をはねられるものだろうか。

じつは、この処分には幕府のある思惑が見え隠れしている。

吉宗の過去の女性問題を考えると、いつまたこのような御落胤話が持ち上がらないとも限らない。実際に、この改行の事件について聞かれた吉宗は、心当たりがある旨をほのめかしたというのだ。

これは幕府にとってはじつに頭の痛い問題だった。こうした輩への見せしめとして、改行は首をはねられたのかもしれない。

実際、幕府の狙いはうまくいったようだ。

それまでは同様の「将軍の御落胤事件」はときどき起こっていたのだが、改行の処刑のあとはそれがまったく途絶えてしまったといわれている。

江戸末期

秘密警察を率いた奉行 鳥居耀蔵

■「妖怪」と呼ばれた男

江戸末期に起きた事件にことごとく関わっているといわれるものの、歴史の教科書などでクローズアップされることがほとんどない人物が鳥居耀蔵《とりいようぞう》である。

耀蔵は江戸時代の幕臣で、天保の改革を断行した老中水野忠邦の番犬とも呼ばれていた。

しかも、耀蔵の人物像といえば「監視」や「スパイ」、「でっちあげ」といった類の表現で彩られている。

蹴落としたいと思う人物がいたらウソをついてでも陥れ、欲しいものは手当たりしだいに手に入れる。

その根底には、どうやら蘭学をはじめとする洋学嫌いが深く関わっているのではないかといわれている。

それは、彼が幕府の学問である儒学を司る儒官の林述斎《はやしじゅっさい》の子供だったことと無関係ではないだろう。

耀蔵自身も儒学を学び、25歳で旗本である鳥居一学の養子となった誇り高きエリートだったのだが、その高すぎるプライドがやがて彼を世間から「妖怪」と呼ばれるほどの人物にしていったといえるのだ。

■デタラメの罪で敵を投獄する

耀蔵の悪党ぶりのはじまりは「大塩平八郎の乱」といわれている。

飢饉にあえぐ町民のために幕政に抗議したこの一揆は一日で鎮圧されてしまったが、かつては奉行所の役人でありながら、反乱の首謀者になった大塩平八郎は町民からヒーローさながらの評判を得た。

それがおもしろくなかった耀蔵は、旗本や御家人を取り締まる自分の立場を利用して、平八郎の罪状書に「養子の妻を姦通した」とまったくのデタラメを書いて平八郎を大悪人に仕立て上げたのである。

このやり口が逆に出世の糸口となり、耀蔵のでっちあげに拍車がかかっていくのだ。

さらに、蘭学者らを弾圧した「蛮社の獄」では、しかけの張本人だったといっていい。

耀蔵は、時の老中水野忠邦の命令だと偽って、幕府の鎖国政策に批判的な渡辺崋山や高野長英らのいる集団「尚歯会《しょうしかい》」を小役人に探らせ、「無人島への密航を企てている」と幕府にウソの報告をしたのである。

これによって崋山らの記した幕政批判の書物が見つかり長英は牢獄に、崋山は国もとで謹慎生活を強いられ、数年後には2人とも自害している。

じつはこの事件の少し前、江戸湾岸の測量手法をめぐり、耀蔵率いる儒学式測量隊が西洋式測量隊に負けている。

じつは、この一件で大恥をかいたことを根に

大塩平八郎の乱で大塩勢は大坂市中を焼き払った

後ろ手を縛られて法廷に引き出される渡辺崋山（渡辺崋山画）

持っていたようなのである。

西洋式測量隊を率いた江川英龍は尚歯会のメンバーであり、その後ろ盾は渡辺崋山である。そこで、耀蔵は彼らを陥れるために裏で糸を引いたのだ。

■スパイを使って町人を苦しめる

さらに江戸南町奉行の座を狙うと、その役職にあった矢部定謙《さだのり》をお得意の陰謀で失脚させてまんまと後任に就いている。

いよいよもって耀蔵は鳥居甲斐守《かいのかみ》耀蔵となり、〝耀甲斐〟ならぬ妖怪となったのだ。

水野忠邦の番犬として、天保の改革の実行責任者となって奔走するのはそれからのちの話である。

水野の威光に身を包んだ耀蔵は、妖怪の名のとおり秘密警察を率いて町中に潜み、町人のぜいたくや娯楽を取り締まっては執拗に人々を苦しめた。

それもこれも水野に気に入られ、幕臣としての自分の名を上げたいがためである。

しかし、厳しすぎる改革で諸大名の猛反発を受けた水野が劣勢に追い込まれたとみるや、彼は反水野派に機密書類を渡してあっさり主君である水野を裏切っている。

結局、水野は失脚し、耀蔵ものちに30年近く幽閉生活を送るハメになった。

それでも、悪びれることもなく78歳まで生きたというから、まさに妖怪の異名にふさわしい人物だったといえるだろう。

なお、幽閉されて晩年を送ったのは丸亀（香川県）の地だった。

幽閉中の彼は健康維持のために漢方の研究をし、それを使って領民の治療にも役立てて人々に慕われていたという。

さしもの妖怪も晩年には善人の顔をのぞかせたのかもしれない。

江戸末期

独断で日本の開国を決めた　井伊直弼

■出勤の途中で浪人に襲われる

「桜田門外の変」が起きたのは、今から160年前の3月3日のことである。

早暁からの大雪という春には珍しい天候だったこの日、登城のため午前9時頃に駕籠に乗って屋敷を出た大老・井伊直弼は、江戸城桜田門外において浪士の一団の襲撃を受ける。

警護の武士らも必死に応戦したが防ぎ切れず、駕籠には幾度も白刃が突き刺された末に、引きずり出された直弼は首を一刀両断に叩き落とされたのである。

春の雪を血で染めたこの暗殺事件に関わったのは、水戸藩を中心とした18人の脱藩浪士たちだった。

桜田門外の変

大老といえば江戸幕府の最高責任者であり、現在の総理大臣のようなものだが、それほどの人物がこのような悲惨な最期を遂げたのにはそれなりの理由がある。

直弼は独断で日本の開国を推し進め、自分の政策に異を唱える者は容赦なく弾圧するという、まさに冷酷非情な独裁者だったからである。

■黒船の対応をめぐる対立

桜田門外の変が起こる7年前の嘉永6（1853）年6月、日本にはかつてない激震が走った。

ペリー率いるアメリカ艦隊が浦賀に来航して、開国を迫ってきたのである。

このため幕府では連日のように話し合いが持たれたが、彦根藩主である直弼は有力大名として「アメリカと戦っても勝ち目はない。交易を行って海外進出すべし」と、開国・非戦を主張した。

ところが、これに真っ向から反対したのが、徳川御三家のひとつである水戸藩の前藩主・徳川斉昭《なりあき》だ。

もともと斉昭は幕政に強い影響力を持っていた人物だったが、彼は開国に猛反対したのである。

このときは直弼の意見が通り、日本はとりあえず開国へと踏み切ることになるのだが、2人は将軍の後継者問題で対立を深めていく。

■後継者争いの一方で恐怖政治を開始

当時の将軍徳川家定は病弱で奇行も多く、跡継ぎとなる子供もいなかった。

そこで次の将軍を決めておくことが必要だったが、直弼が紀州藩主の徳川慶福《よしとみ》を推したのに対し、斉昭は自分の息子である一橋慶喜《よしのぶ》を推したのだ。

このため幕府は慶福を擁立する南紀派と慶喜を担ぐ一橋派に分かれ、これに開国か攘夷かという問題も絡んで両者は激しく対立するようになっていたのである。

直弼が大老に就任したのはこれらの諸問題が遅々として解決されず、開国・南紀派と攘夷・一橋派のつばぜり合いが繰り広げられている真っただ中だった。

そしてこれ以降、直弼は強権を発動して反対派を一掃する恐怖政治を断行していくことになる。

■勝手に条約を締結してしまう

直弼は大老に就任すると、すぐさま次期将軍を紀州の慶福、のちの徳川家茂に決定する。

ところが、慶福はなんと当時10歳にも満たない子供だった。

一方の一橋派が推す慶喜は、国の難局にリーダーシップを発揮できる英明な若者として周囲にも期待された人物だったが、直弼は「英明さなどより血筋の近さが大事」と主張する。

実際、少年の家茂は直弼の意見には素直に従ったといわれているから、直弼にとってこれ以上に都合のいいことはない。

また、開国問題に対しても直弼は豪腕をふるうことになる。

「日米修好通商条約」の締結を朝廷に願い出たものの、当時の孝明天皇は外国嫌いで

黒船を目にして混乱する国内の様子を描いている。井伊家はこのとき、江戸湾防衛のために出陣した。（「米船渡来旧諸藩士固之図」）

いっこうに聞く耳を持たなかった。

すると、あろうことか直弼は天皇の許可を得ずに幕府の代表とアメリカ総領事ハリスとの間で勝手に条約を締結してしまったのだ。前代未聞の暴挙だった。

しかし、直弼の個人プレーに反対派も黙ってはいなかった。

朝廷に対して直弼よりも水戸藩を信任するように働きかけ、その結果、天皇から水戸藩に「幕府が独断で調印したことは不審である。これからは御三家や諸大名で評議して幕政を安定させるように」という内容の勅書が直接渡されることになる。

同じ内容の勅書が幕府に下されたのはその2日後だったから、天皇は直弼より斉昭を認めたことになる。面目を丸つぶしにされた直弼が激怒したのはいうまでもない。直弼は、天皇の勅書を得るために工作した水戸藩士をはじめ朝廷の最高幹部まで次々と捕えて厳罰に処していくのだ。

これが世にいう「安政の大獄」の始まりである。

この弾圧の嵐は直弼の政策を批判した者にまで及び、幕末の思想家である吉田松陰や橋本左内らも処刑されることになる。

この弾圧で死刑となった者は8人、獄中に送られた者や左遷された者などは100人をはるかに超えている。

徳川幕府史上でも未曾有の大弾圧事件だった。直弼に逆らえる者など誰もいなかったのだ。そして、桜田門外の変はこの翌年に起こったのである。

直弼の暗殺は、こうした直弼の過酷で身勝手極まりないやり方が招いた結果だったといえる。

その横暴さから「井伊の赤鬼」とまで呼ばれた直弼の死後、幕府の権威は失墜し、暗殺など暴力で政治を変えようという動きが広がっていく。直弼の意に反して、幕末の動乱は加速していくことになるのだ。

江戸末期

新選組一番の暴れん坊 芹沢鴨

■仲間に暗殺される

新選組の局長といえば誰もが近藤勇の名をあげるが、じつは発足当初にはあと2人の局長が存在していた。

芹沢鴨《せりざわかも》と彼の腹心だった新見錦《にいみにしき》である。

中でも筆頭局長を務めた芹沢は、新選組の誕生になくてはならない存在だったといえる。

そもそも彼らは清河八郎が集めた「浪士隊」という集団の隊士だった。名目上は上洛する将軍・徳川家茂《いえもち》の警護を目的としていたが、清河の真の狙いは尊王攘夷にあった。

そんな清河とたもとを分かち、京に残ったのが芹沢や近藤のグループである。これがのちの新選組となったわけだ。

そして後ろ盾をなくした彼らが会津藩の預かりになれたのは、藩内に芹沢の兄がいたからだともいわれている。

しかし、文久3（1863）年9月、新見と芹沢は相次いでこの世を去っている。近藤たちに粛清されたのだ。

新選組には「局中法度」と呼ばれる厳しい規則があり、ほんの少しでも規律からはずれるとすぐさま切腹させられた。

このように粛清された者は40名にものぼるとされている。

だが、芹沢の場合は切腹ではなく暗殺という残虐な手段がとられた。

一見すると単なる内部抗争のようだが、じつは会津藩から密かに芹沢暗殺の命令が下っていたのだという。芹沢は、近藤も会津藩も

会津・薩摩側と長州が激突した八・一八の政変の様子。このときの活躍により浪士隊は「新選組」の名前を授けられたが、芹沢はここでも暴言を吐いたという。

手に負えないほど悪行の限りを尽くした、悪の主役というべき人物だったのだ。

■力士を相手に大暴れ

芹沢は背が高くがっしりとした体つきをしていたと伝えられており、そのうえ神道無念流という剣術の使い手だった。

ところが、気に入らないことがあれば即座に実力行使に出るという粗暴な性格のため、何度となく騒ぎを起こしていた。

水戸天狗党に参加していた頃には、資金が集まらないというだけで部下を3人も斬り殺したほどだ。

新選組に加わってからも、上洛途上で宿の部屋割りが気にくわないと騒ぎを起こし、近藤が土下座して謝る場面もあった。

また、商人から軍資金の名目で多額の金を脅し取って、勝手に使ってしまうことも珍しくなかったのである。

そんな彼が引き起こした数々の事件の中でも、大坂力士乱闘事件は有名だ。

隊士7人を率いて大坂に出張に行ったとき、力士と道を「譲れ」、「譲らぬ」で争いになった。

芹沢らはいったんは力士を蹴散らしたものの、すぐに力士が仲間30人を連れて報復にやってきた。

もちろん芹沢がひるむはずもなく、両者入り乱れての大乱闘が始まった。

このとき芹沢は、棒切れしか持たない相手に刀を抜いて応戦し、あろうことか力士3人を斬り捨てたのである。

京都島原の遊郭・角屋。ここでも芹沢は大暴れして店を酒びたしにした。

■死後も新選組に影響を与える

芹沢の暴挙が頂点に達したのが、大和屋襲撃事件だ。

豪商・大和屋に軍資金の依頼に行ったところ、主人の不在を理由に断られてしまう。これに激怒した芹沢は隊が所有していた大砲を持ち出して大和屋を砲撃し、店を焼き払ってしまったのである。

だが、結果的にこの一件が芹沢自身の首を絞めることになった。たび重なる彼の暴走をこれ以上放ってはおけないと判断した会津藩が、近藤らに芹沢を抹殺する指令を下したのだ。

こうして芹沢は仲間に惨殺されるという最期を迎えることになったわけだ。

その後、彼の死によって新選組の結束は近藤を中心としてより強固なものになり、幕末最強の剣客集団として京の街を震え上がらせていくのである。

芹沢という男は、新選組の設立ばかりか、その発展にさえ意外な形で影響を及ぼしたのだ。

芹沢が暗殺された場所は長崎の島原だった。宴会で酒を飲み、そのあと愛人とともに床にいたところに隊士が乱入して惨殺されている。

芹沢は刀をとって反撃しようとしたが、それさえもかなわなかったといわれる。

江戸末期

幕末に暗躍した人斬り　岡田以蔵

■幕末の闇の部分を担当する

土佐勤王党《とさきんのうとう》は幕末に尊王攘夷活動を展開したグループのひとつである。総勢およそ200名というこの大集団を率いていたのが、郷士出身の武市半平太《たけちはんぺいた》だ。一時期、武市は藩政の実権を握るほどの勢力を誇り、諸藩や朝廷にも働きかけ、幕府に攘夷の決行を促すよう仕向けている。

彼の朝廷工作はたくみで、幕府に向けて勅使が派遣されたときには、その随行者の地位をまんまと射止めたほどである。

この頃の武市には藩も朝廷も、そして幕府までも己の意のままに動かす勢いがあったのだ。

元来、土佐には厳格な身分の区別があり、武士といえども藩政に関与できるのは上士と呼ばれる者だけだった。

そんななかで下級武士の武市がこれほどまでに出世できた背後には、一人の男の存在があった。

そもそも武市の出世の道が開けたのは、公武合体主義者だった吉田東洋を暗殺したからだ。

以来、目ざわりな者を次々と抹殺してのし上がっていったのである。

しかし、こうした闇の部分を請け負っていたのは、じつは武市の道場の門下生で彼を敬愛していた岡田以蔵だったのだ。

■残虐な殺し方で有名になる

この時代、さまざまな過激グループが天誅と称した暗殺を行っていた。

天誅の口火を切った薩摩の田中新兵衛、西郷隆盛に仕えた中村半次郎、そして思想家の佐久間象山を斬った河上彦斎《げんさい》といった面々は、幕末の人斬りとして名高い。

こうした暗殺者の中でも岡田はひときわ恐れられた人物だった。

佐久間象山の暗殺を描いた錦絵

彼にとっての最初の仕事は、土佐藩の目付である井上佐市郎殺しだった。井上は吉田東洋を殺した犯人を捜しており、土佐勤王党に目をつけていたのである。

事実が露見することを危ぶんだ武市は、岡田ら数名に井上の始末を命じた。

彼らは井上にしこたま酒を飲ませて酔わせた挙げ句、手ぬぐいで首を絞めて殺害し、遺体を川に放り込んだのである。

これを皮切りに岡田は人斬りの日々を送るようになる。

仲間内で誰それが怪しいという会話が出るとその場から岡田がすっと姿を消し、しばらくすると何事もなかったかのように戻ってくることがしばしばあったという。わずかな時間に邪魔者を一刀両断していたのだ。

しかも、その残虐性もきわだっている。

目明し文吉という人物を暗殺したときには全裸

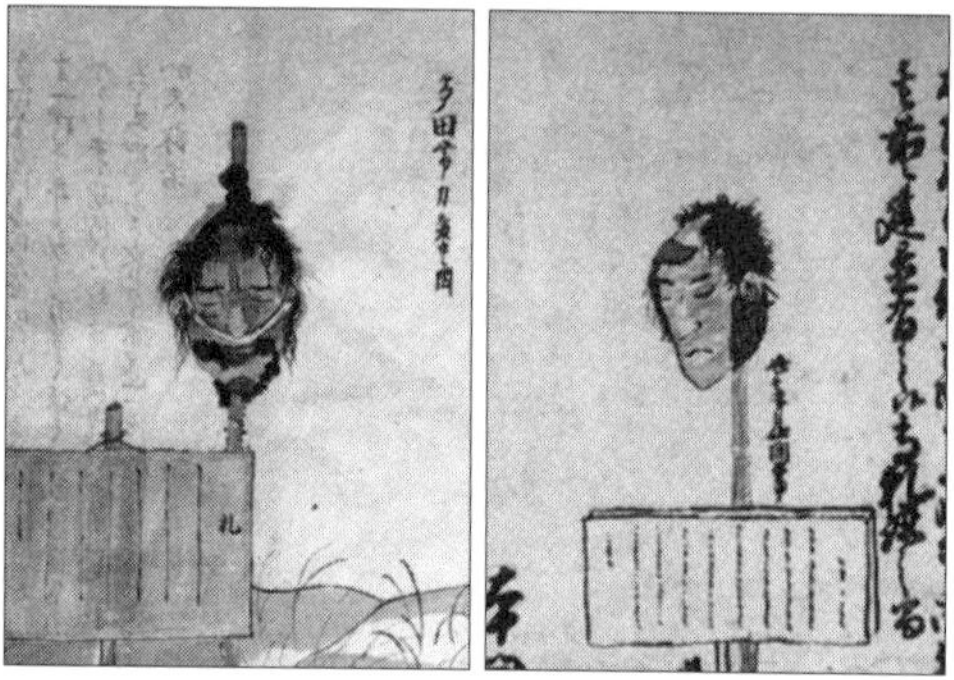

岡田以蔵に暗殺された多田帯刀（左）と本間精一郎（右）

にして柱に縛りつけ、ひと晩中拷問を加えながら幕府の情報を聞き出した。

遺体の尻と陰部に突き刺された竹槍は、筆舌に尽くしがたい拷問が行われたことを物語っていた。あるいは殺した相手の首をさらしたり、手足を斬って関係者の家に投げ込んだりもした。

正確な数字はわからないものの、彼の手で血祭りに上げられた者は相当な数に上ったとみられている。

こうして「人斬り以蔵」の名は広く知れ渡っていったのである。

■上司に見捨てられ首をはねられる

岡田は尊王攘夷を実現させるために、武市の役に立ちたいという純粋な気持ちで暗殺を繰り返した。

だが、武市にとって岡田は便利な殺人兵器でしかなかったのである。

そのため形勢が逆転して土佐勤王党のメンバーが捕えられたあと、武市は岡田がいつ口を割るかを心配し、一刻も早く死んでほしいと願ったという。

すべての暗殺現場に岡田がいると噂されたように、彼は武市の暗部を知りすぎていたのだ。

岡田の暗躍に支えられていたからこそ、武市は華々しい躍進を遂げることができた。土佐勤王党における表舞台の主役が武市なら、陰の主役は岡田だったといえるだろう。

結局、暗殺の実行犯として岡田は首をはねられ、28年という短い生涯を閉じたのである。

本来、以蔵は真面目でひたむきで、剣に対するたゆまぬ向上心の持ち主だったともいわれる。

しかしそんな真っすぐな人柄だったがゆえに、武市のもとで殺人兵器として育てられたという一面もある。

それを思えば岡田以蔵の人生は、幕末という波乱の時代が生んだひとつの悲劇だったともいえるだろう。

3章 開国前夜の黒幕たち

幕末

味方をおいて一人逃げた 徳川慶喜

■最後の将軍のしたたかな一面

慶応3（1867）年、大政奉還で朝廷に政権を返上したのに続いて「王政復古の大号令」が発せられ、およそ260年間も続いた徳川幕府は崩壊した。

最後の将軍となったのは第15代の徳川慶喜だが、彼にはこれまで軟弱で無策な将軍というイメージがつきまとってきた。

この時代、幕府の勢力は衰えていたとはいえ、慶喜はまだどの大名よりも多くの直轄地を持ち、経済的な要衝も押さえていた。しかもフランスの支援を受けて最新の軍備を備えていたのである。

それにもかかわらず、彼は戦いもせずにあっさりと政権を投げ出してしまったのだ。

紀州・尾張・水戸の〝徳川御三家〟の中でも格下に位置する水戸藩主の七男として生まれた慶喜は、本来なら将軍など望める立場にはなかった。

それが将軍家に跡継ぎがいなかったために、将軍の座が転がり込んできたのだ。

しかし、本当に無能なら将軍の候補にすらなれなかったはずで、実際の慶喜は非常にしたたかな策士だった。

朝廷に従ったのも作戦のひとつであり、弱腰に見える彼の言動の裏には、保身のために立ち回るもうひとつの顔が隠されていたのである。

ナポレオン3世から贈られた軍装を身につけて西洋馬に騎乗する慶喜（1867 年撮影）

■権力を保持するための計画が失敗

慶喜にとって、大政奉還は討幕派と朝廷の両方を煙に巻く一発逆転の裏技だった。

朝廷に屈服して政権を返してしまえば、倒幕派は幕府を倒す理由がなくなる。

そうはいっても、長年政治から離れていた朝廷に政権を担う力などあるはずもなく、政権運営については間違いなく自分を頼ってくると見越していた。

つまり、大政奉還はあくまでも表向きのポーズで、慶喜には政権を手放すつもりなど初めからなかったのだ。

討幕派が巻き返しを図った王政復古のクーデターに対しても、彼は次々と反撃の手を繰り出す。諸外国の公使には「主権は我にあり」と宣言し、討幕派に加担しないよう根回しをした。

また、討幕派からは徳川家の領地返上を要求されたものの、粘り強い交渉の末に一部を新政府に提供するという形に抑えた。

こうまでして慶喜がもくろんでいたのは、新政府で主要な地位を獲得することだった。朝廷に従うふりをしつつも、その裏では権力を維持できる新政府づくりの中心人物となるべく活動していたわけだ。

ところが、実現の一歩手前までこぎつけていた計画は、鳥羽・伏見の戦いをきっかけにもろくも崩れ去ってしまう。

慶喜の新政府入りを快く思わない薩長の挑発にまんまと乗せられてしまい、幕府は朝

大坂城から逃げ出す慶喜（「徳川治績年間紀事　十五代徳川慶喜公」）

敵となってしまったのだ。

■味方をおいて単独で逃げる

薩長が掲げた、官軍の印である「錦の御旗」を前にした慶喜は驚くほどの早さで転身する。それまでの野望をかなぐり捨て、今度は一気に保身へと突っ走るのだ。

鳥羽・伏見の戦いではこっそりと大坂城を抜け出し、味方を置き去りにしたまま江戸へ逃げ帰った。

そのうえ、江戸城もすんなりと明け渡してしまう。

みずからが演出した大政奉還を盾にして、何よりも自分の命を優先する道へと乗り換えたわけである。

その後も新政府に不満を持つ士族の動きには静観を決め込み、政治にはまったく関心がない態度を貫き通した。

それが功を奏したのか、晩年には名誉が回復されて公爵の地位まで得た。

多くの幕臣が命を落としたなか、慶喜は76歳までしぶとく生き延びて天寿をまっとうしたのである。

写真に残されている慶喜の顔は鋭いまなざしが印象的だが、この表情にこそ策士の本質が表れているといえる。

じつは慶喜は、将軍に就任してからは一度たりとも江戸城に足を踏み入れたことがなかった唯一の将軍である。

これは京都において朝廷とのやりとりに終始していたからで、意外な気がするが、これもまた歴史の皮肉である。

幕末/明治

錦の御旗を勝手に作った 岩倉具視

■倒幕運動の影の主役

15代続いた徳川家の勢力を一掃したのは、薩摩や長州が中心となった討幕派だった。しかし、ある人物の暗躍がなければ、討幕は成功しなかったかもしれない。そんな討幕運動の影の主役ともいうべき人物が岩倉具視《ともみ》だ。

岩倉は中流の公家出身だったものの、優れた才能の持ち主だった。そのため天皇の相談役である〝近習《きんじゅう》〟に取り立てられ、朝廷内で大きな権力を握るようになる。

武家のように強大な軍事力を持たないかわりに、彼は知略に長けており、権謀術数を尽くして幕府を追いつめていったのだ。

■クーデターで朝廷を担ぎ上げる

当時すでに幕府は弱体化していたが、まだその力は侮れなかった。万一、諸藩が幕府側についたら薩長だけではとうてい太刀打ちできない。

そこで岩倉が利用したのが朝廷の威光だった。朝廷からお墨つきをもらえば幕府を討つ大義名分ができると考えたのだ。

そして岩倉はクーデターという手段に打って出る。御所から幕府勢力を締め出し、天皇に「王政復古の大号令」を勧めたのである。

文面は岩倉らが綿密な協議をして作成し、天皇はそれを発布するだけだった。

こうして慶応3（1868）年に「王政復古の大号令」が下されると、岩倉は徳川慶喜の官位剥奪や徳川家の領地没収など、徹底的に徳川の力を削ぐ決定を押し通す。

しかし、慶喜も黙ってはいなかった。

外国の公使たちに、「御所での動きは一部の不満分子が勝手にしていることで正当な主権者は自分である」と断言している。

自信に満ちた慶喜の言葉に公使たちは納得し、一方で諸藩には動揺が広がっていった。

欧州をめぐった岩倉使節団。岩倉（中央）は特命全権大使として参加した。

■朝廷の威光を利用して勝利する

こうした岩倉と慶喜の攻防に終止符を打ったのが、京都で勃発した鳥羽・伏見の戦いだ。

当初、薩長軍のおよそ3倍もの兵力を誇る幕府軍は、戦況を有利に進めた。

ここで、圧倒的な兵力の差を覆すために岩倉が繰り出した秘策が「錦の御旗」だった。彼は再び朝廷の威光を担ぎ出したのである。

錦の御旗を掲げたことで岩倉たち薩長軍は官軍となり、幕府は朝敵となった。その結果、薩長軍の意気は上がり、幕府軍は敗走することになったのだ。

じつは、この錦の御旗は岩倉が作ったレプリカだったという。

かつて鎌倉幕府を追討する際に朝廷が官軍に

錦の御旗と共に出陣を待つ薩摩・安芸藩兵

与えたシンボルが錦の御旗の起源だが、そんな昔の旗が残っているはずもない。そこで、岩倉が自分のブレーンである国学者の玉松操に急きょデザインさせたのだ。

自分を正当化するためなら何でもやってのけるのが岩倉という人物だった。

■天皇を毒殺した？

ところで、岩倉にはもうひとつ黒い噂がささやかれている。孝明天皇毒殺説だ。

痘瘡《とうそう》（天然痘）にかかった孝明天皇は病状が回復しつつあったにもかかわらず、容態が急変して亡くなっている。

そのせいで当時から毒殺説が噂されていたのだが、その暗殺犯の候補として岩倉の名があがっているのである。

幕府との協調路線をとろうとする孝明天皇は、岩倉にとって都合の悪い存在だった。

また、天皇との不和が原因で長い間謹慎が解かれなかったといわれていることや、岩倉の妹が後宮に入っており、毒を盛るチャンスがあったことなどが岩倉が疑われる理由だ。

ただし、この時期に妹は謹慎処分を受けており、実際には毒殺の実行は不可能だったともいわれている。

しかしその代わり、岩倉の息子が宮中にいたという説もあり、その息子が実行犯だったとも考えられるが、やはり妹同様に謹慎処分の期間中だったとも考えられている。

真相は闇の中だ。

しかし実際、孝明天皇の死の直後から岩倉は政治の表舞台に復帰している。

真偽のほどは定かではないが、そんな疑惑を持たれてしまうほど岩倉は腹黒い策略家だったといえるのだ。

幕末

英国人を斬殺した　奈良原喜左衛門

■薩摩藩の行列と行き会った外国人

神奈川県横浜市鶴見区。大型トラックがせわしなく行き交うこの街の国道沿いに、「生麦事件之跡」と書かれた立て札がある。

薩摩藩の大行列と出くわしたイギリス人商人が無礼討ちに遭い、この場所で命を落としたのは今から150年あまり前、このあたりが生麦村といわれていた頃のことだった。のちに「生麦事件」と呼ばれるこの事件で、行列から真っ先に飛び出して馬上のイギリス人に有無を言わさず斬りつけたのが、奈良原喜左衛門《ならはらきざえもん》である。

薩摩藩の中でも改革派が集まる誠忠組の一員だった奈良原は、藩の実権を握っていた島津久光の目にとまり、誠忠組の面々と共にその側近として動くようになった。

薩摩に伝わる薬丸自顕流の達人だったというから、その剣の腕前も買われたのだろう。
ちなみに、島津久光は藩主である島津茂久の父親だったが、実際に藩を動かしていたのは久光のほうだった。

彼は幕府の弱体化につけ込んで薩摩の勢力拡大を狙い、のちに「維新十傑」とまで呼ばれる小松帯刀や大久保利通といった人材を誠忠組から取り立てている人物である。

そんな久光に気に入られた奈良原は、朝廷の勅使を伴う久光のお供として京、そして遠く江戸にまで赴く。

生麦事件は、久光一行が江戸から薩摩に戻る途中で起きたのである。

生麦事件を描いた絵画（「生麦之発殺」）

■イギリス人をひと太刀で殺害する

事件当日、イギリス人商人のリチャードソンは友人3人と馬に乗り東海道を歩いていた。川崎大師を見学してから横浜に戻る途中だったという。

ところが、生麦村にさしかかったところで彼らは久光一行の大行列に遭遇してしまう。久光を警護していた奈良原もこの行列の中にいたのはいうまでもない。

馬上の4人は馬から降りずに、道の端に寄って行列をやり過ごそうとした。だが、あたりに漂うピリピリとした空気を察したのか馬がいうことをきかなくなり、道の真ん中に飛び出して行列をさえぎってしまったのである。

侍たちは、馬から降りて道を開けるように再三命じるが、そもそも言葉が通じない。薩摩の一行の苛立ちはピークに達した。

そのとき、久光が乗る駕籠を警護していた奈良原がやにわに太刀を抜くと、イギリス人一行をめがけて駆け始めたのである。

それは一瞬の出来事だった。奈良原は勇ましいかけ声と共にリチャードソンに斬りつけ、たったひと太刀で腹を斬り裂いたという。

武器を持っていなかったイギリス人たちはどうにかその場から逃げようとした。しかし、奈良原に斬られたリチャードソンの傷は深く、彼だけ落馬してとり残されてしまうのだ。

事件現場。リチャードソンの遺体は松の大木の近辺に置かれていたという。(F. ベアト撮影)

息も絶え絶えの彼は、追ってきた薩摩藩士に取り囲まれ斬り刻まれて絶命したのだった。

■倒幕のムードに火をつける結果に

この事件を受けて、イギリス政府は薩摩に犯人の処刑と賠償金を要求する。

薩摩側がこれを拒否したことで、文久3（1863）年7月に薩英戦争がぼっ発してしまうのだ。

戦争は両国の痛み分けに終わった。しかし、異国相手に一歩も譲らなかった薩摩を気に入ったイギリスは、弱腰の外交策しかとれない幕府に見切りをつけ、これを機に薩摩に近づくことになる。

このイギリスの後押しもあって、薩摩の倒幕ムードは一気に高まったのだ。

血気盛んな薩摩隼人が引き起こした殺傷事件が、その後の幕末の動乱に大きな影響を与えることになるとは、このとき誰が予想しただろうか。

ところがこの事件のあと、奈良原の名前は幕末の動乱の中にほとんど登場してこない。事件から3年後に新時代の到来を見ないまま35歳でこの世を去ったが、病没なのか切腹して果てたのか、その最期は明らかになっていないのだ。

ただ、ひとつだけ奈良原の人柄を伝えるエピソードが伝えられている。

薩英戦争のさなか、鹿児島湾にはイギリスの艦隊が停泊していた。奈良原はスイカ売りに化けて小舟で艦隊に近づき、乗り込もうと企んだというのだ。

これはイギリス人に見破られて失敗したといわれるが、奈良原がいかに血気盛んな人物だったかがわかる。

幕末

最新兵器で大暴れした 河井継之助

■負けん気を発揮して出世する

鳥羽・伏見の戦いを皮切りに、新政府軍と旧幕府軍が各地で激しい戦いを繰り広げたのが戊辰戦争だが、そのなかでも最大の激戦といわれたのが北越戦争である。

当時、最強の兵器と恐れられたガトリング砲はこの戦いでベールを脱いだのだ。

ガトリング砲は手回し式の機関銃で、1分間に200発もの弾丸を発射できたという。

連発式の銃ですらまだ珍しかった時代では、けた外れの火力だ。

アメリカ製のこの最新兵器を買い求めたのが、長岡藩を率いた河井継之助《かわいつぐのすけ》だった。

長岡藩士の家に生まれた河井は、知識人だったという父の血を継いだのか幼い頃から神童と噂されていた。

その一方で負けん気の強さも相当なもので、毎日のように喧嘩をしては傷だらけで帰ってきたという。

成人して藩に仕えるようになってからもその気の強さは健在で、赤字に苦しむ旧体質の藩政を批判して処分されたりもしている。

やがて、藩主の牧野忠恭《ただゆき》にその才能を認められた河井は、奉行職などを経てついに家老として藩政を担うまでに大出世するのだ。

■時流の流れを読んで最新兵器を購入

ところが、河井が家老になった慶応4（1868）年の1月にはすでに鳥羽・伏見の戦いが起き、旧幕府軍は朝敵になっている。

薩摩と長州を中心とした新政府が時代の先駆けとなり、日本は大きく変わろうとしていたのだ。

そんななか、いち早く時流を読んだ河井は、藩内の改革を着々と進めていた。特に軍備の強化に力を入れるべく、大金を投じて新式の銃や装備を大量に買い揃えていたのである。

藩士には刀や槍の代わりに銃を与えてフランス式の軍事訓練を施し、長岡軍は近代的な軍隊へと生まれ変わったのだ。

長岡城攻防絵図

　このとき、彼が手に入れたのが黒光りするガトリング砲だった。

　あまりに高額で他藩は手が出せなかったというが、そのすさまじい火力に魅せられた河井は２門も購入している。

　ただし、彼はけっして戦を望んでいたわけではなかった。

　じつは彼には、長岡藩はどこまでも中立の立場を貫くべきだという考えがあったのである。

　それは幕末の世に独立国家を築くような壮大な野望で、そのために兵力の強化は欠かせないと考えたのだ。

　ところが、あまりに大きすぎたその志がやがて長岡藩に悲劇を呼ぶことになる。

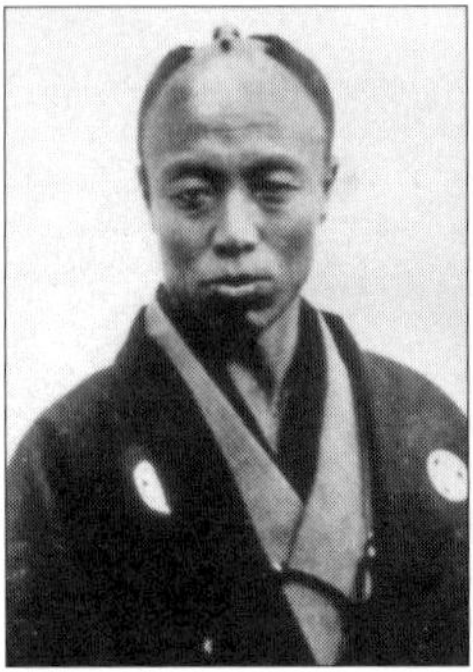

河井継之助（左）と前面から見たガトリング砲（右）

■敗走の末の病死

侵攻してきた新政府軍を迎え撃つべく、会津など東北の諸藩は同盟を結び徹底抗戦を決めた。

しかし、河井は参加を拒否し、中立の立場で東北諸藩と新政府との仲介役を務めたいという旨の嘆願書を手に新政府側との会見に臨んでいる。

ただ、新政府軍がそんな話に納得するわけもなく、会談は決裂する。

河井は粘ったが、最後まで願いは聞き入れられなかった。

こうして長岡藩は、ついに新政府の大軍と対峙することになったのである。

北越戦争は凄惨を極めた。山県有朋らが率いる新政府軍は長岡藩を数で圧倒して、本拠地の長岡城は落城してしまう。

しかし、河井は多才な戦術を駆使して巻き返しを図る。

少数精鋭でゲリラ戦をしかけ、一度は長岡城を奪い返すことにも成功した。新政府軍は小藩だったはずの長岡藩に意外な苦戦を強いられたのである。

河井自身も最前線に立ち、襲いかかる敵軍に向けてガトリング砲を撃ちまくった。だが、近代的な装備と統率された兵でも、新政府軍との兵力の差を埋めることはできなかった。

長岡城は再び落城し、城下は一面の焼け野原となった。河井も銃で撃たれた脚の傷が悪化して破傷風を患い、敗走する途中で42年の生涯を終えたのである。

十分な治療もできずに高熱に襲われながらも、周囲の者には気丈に振る舞い続けた最期だったという。

幕末/明治

北海道に国をつくろうとした 榎本武揚

■裏切り者と呼ばれる

鳥羽・伏見の戦いに始まる旧幕府軍と新政府軍との一連の争いが「戊辰戦争」である。その中でも激戦のひとつといえるのが、箱館の五稜郭を舞台に繰り広げられた「箱館戦争」である。

この戦いの首謀者は幕府海軍の司令官だった榎本武揚《えのもとたけあき》だ。榎本は長崎の海軍伝習所で学んだあとオランダに留学している。

留学中は海軍に関する勉強はもとより政治や国際法、化学と幅広い分野の知識を身につけ、語学も堪能だったという。

ところが、オランダから購入した開陽丸を指揮して意気揚々と帰国してみると、幕府の権威は失墜し、日本の情勢は一変していたのだった。

〝幕府は日本最高水準の海軍を備えている〟という自負があった彼は、あくまで抗戦派だった。そして新政府軍を相手に最後まで戦い抜いたのだから、榎本は忠義に厚い幕臣に見える。

しかし、榎本は「二君に仕えた裏切り者」として痛烈に批判されることも多い。

五稜郭の戦いに敗れた榎本の人生はここで終わってしまったわけではなく、じつはのちに明治政府の一員となって表舞台に復帰しているのである。

北海道に新天地を求めた榎本軍幹部。前列右が榎本武揚。

■幕府の船を奪って逃走する

そもそも、榎本は海軍伝習所への入学方法からしてしたたかだった。

彼は成績不良で入学が認められなかったのだが、

友人に付き人でもいいから連れていってくれと頼む。この友人の父親が幕府の有力者で、そのコネを使って無理やり伝習所にもぐり込んだのだ。

やがて、留学から戻った榎本は開陽丸の艦長に任命されて海軍の司令官となったものの、活躍の場もなく幕府は降伏してしまう。そして新政府軍に軍艦を引き渡すことが決まったのだ。

だが、榎本がこの要求にすんなり応じるわけがない。

ここで彼は形勢を逆転するとんでもない奇策に打って出る。最新鋭の開陽丸をはじめ、幕府の有力艦隊を奪って逃走したのである。

新政府の海軍力では追撃できないことを見越したうえでの逃亡だった。

そうして北海道まで逃げ延びると箱館の五稜郭を占拠し、臨時政府を樹立したのである。

その後は榎本が中心となって新政府と激しく抗戦したものの、彼は幕府の復権を狙っていたわけではなかった。

榎本は、北海道を開拓して独立国家を築き上げようともくろんでいたのである。

しかも、その発想は驚くほど斬新だった。榎本は臨時政府の首脳陣を選挙で選び、日本初の共和制を採用していたのだ。

また、共和国樹立に向けて国際法の知識もたくみに活用した。箱館駐在の各国公使に根回しをして、自分たちを交戦団体だと認めさせたのだ。

国際法では交戦団体は交戦国と同じ権利を有する。すなわち、新政府から独立した存在だとアピールしたわけだ。

しかし、しだいに劣勢に追い込まれた榎本は降伏せざるを得なかった。

土方歳三率いる松前攻略軍による砲撃を受ける松前城（小杉雅三著「麦叢録」より）

■戦いに負けてものちに要職に就く

本来なら、榎本は反逆罪で死刑になっていてもおかしくはない。実際、政府の中ではそういう意見も多かった。

しかし、箱館で彼と対峙していた黒田清隆が助命に奔走したのだ。

降伏直前、榎本は「自分の命は惜しくないが、これが燃えるのは惜しい」と、オランダで学んできた海軍術の書物を黒田に贈っていた。黒田は「新しい日本のことをそれほど考えてくれているのか」と感動したという。書物1冊で、みごとに敵を手玉にとってしまったわけだ。

2年半を獄中で過ごしたのち、榎本は無罪放免となっている。その後は外務大臣や文部大臣、農商務大臣など政府の役職を歴任した。この経歴を見る限り、確かに榎本は変節したようにも思える。

その点で榎本は優柔不断な人物としてとらえられることもあり、あまり高い評価をされない理由である。

しかし、歴史の分岐点にあって彼が大きな働きをしたことは揺るぎのない事実である。箱館戦争の主役だった榎本は「二君に仕えた」と揶揄されようとも、新時代をしぶとく72歳まで生き抜いたのである。

幕末/明治

新政府を自在に操った 勝海舟

■素直なふりの裏の野望

幕末から明治にかけて活躍した主役の一人に勝海舟がいる。

彼は幕臣の家に生まれたが、少年時代は正月の餅さえ買うことができないほどの困窮した生活を送っていた。それが二千石の大名にまで上り詰めたのだから大出世である。

勝は幕臣でありながら、「幕府などいらない」といった歯に衣着せぬ物言いをしたために幕府の関係者からはひどく嫌われもした。

しかしその一方で、本来は敵対関係にあった坂本龍馬や西郷隆盛を舌先三寸で言いくるめて心酔させてしまったこともまた事実だ。

彼らの心をとらえたのは、勝がぶち上げた新時代の国家ビジョンだった。

まさに、「人たらしの天才」といわれた豊臣秀吉にも劣らない才能である。勝は敵さえ丸め込むほどのクセ者だったのだ。

そんな勝は江戸城無血開城を成功させた立役者でもある。

結果的に幕府の幕引きを担当することになったせいで、当時の人々からは「主家を売った男」「戦もできない腰抜け」と揶揄されることも多かった。

だが、一筋縄ではいかない勝が、何の策略もなくあっさりと降伏するはずがない。素直に降伏するように見せかけて、その裏では手練手管を使ったしかけを施していたのである。

■相手を翻弄しつつ実権は握る

新政府軍が江戸の町に迫るなか、江戸総攻撃を防ぐために勝は西郷と面会した。

新政府軍の要求は、将軍慶喜の身柄引き渡しと江戸城の明け渡し、そして武器や軍艦の没収など厳しいものだった。

このうち勝が即座に了承したのは江戸城の明け渡しだけだ。

面会に臨むにあたり、勝は幾重にも周到な計略を張り巡らせていた。

まず、慶喜を上野の寛永寺に謹慎させる。これで敵意のないポーズをつくり、水戸での隠居を認めさせようという狙いだった。

江戸城明け渡しを直談判する勝（右）と西郷（左）

薩摩に味方していたイギリス公使パークスにも密かに接触し、徳川を支持するように根回しをした。

内戦が拡大すれば、彼らが貿易港として使っている横浜にも戦禍が及ぶと、勝は脅しをかけたのだ。万一のときには、慶喜をイギリスへ亡命させる了承までとりつけた。

パークスは勝の思惑通りに、彼らが内戦を望まないことや、服従の意思を示している慶喜を殺すことは国際法にも反していることなどを西郷に伝えた。

後ろ盾だと思っていたパークスが徳川擁護の発言をしたのだから、さぞや西郷は動揺したに違いない。

勝海舟

この時点で、心理戦で揺さぶりをかけた勝に軍配が上がっていたといえる。

敗軍の代表でありながら交渉の主導権は勝が握ることになったのだ。

■江戸城明け渡しでゲリラ戦を画策

慶喜は水戸で隠居することが決まり、武器の引き渡しにも猶予が与えられた。

江戸は不穏な状態にあるので、武器を手放してしまっては暴徒を抑えることが難しくなると、勝が西郷を説き伏せたのだ。要求に従う素振りを見せつつ、完全な武装解除は先延ばしにしたわけである。

こうして、西郷が要求していた無条件降伏は、いつの間にかなし崩しになってしまった。

もちろん勝は交渉が決裂した場合の手も打っていた。火消しや博徒が江戸の町に火を放ち、ゲリラ戦を展開する手はずを整えていたのだ。

このように従順さと恫喝をないまぜにするという手法で、勝はいくつもの譲歩を勝ち取りながら江戸城への総攻撃を中止させることに成功した。こうして戦火を交えることなく城は明け渡されたのである。

江戸城の明け渡しは徳川の完全な敗北に見えるが、じつは新政府側を手玉にとってたくみに操った勝の勝利だったということもできるのだ。

ちなみに、当時の江戸は人口１５０万人をかかえる世界有数の人口密集地帯だった。ここでもしも市街戦ともなれば、多くの住民の生命と財産を危険にさらすことになったはずだ。

勝の頭の中には、それをなんとかして食い止めたいという意図もあったといわれる。江戸はまさに、勝に救われたのである。

幕末/大正

派閥で政治を支配した 山県有朋

■軍国主義の基礎を築いた人物

明治政府がさまざまな分野で近代化を推し進めていくなかで、スローガンに掲げたのが「富国強兵」だ。

産業の発展によって国を豊かにし、軍備の近代化と充実を図るというものである。経済力と軍事力の両面で、欧米列強に対抗できる国をつくろうと考えたのだ。

このうち、特に強兵の部分に力を入れた中心人物が山県有朋《やまがたありとも》である。彼は二度の首相経験を持ち、明治・大正にわたって政界で大きな力を有した長州出身の政治家だ。

奇兵隊にも参加していた山県は、もともと武芸で身を立てようと考えていたようだ。政治に身を投じてからもその体質は変わらず、軍備の強化に心血を注いでいる。

若い頃にイギリス・アメリカ・フランス・オランダの四国艦隊に砲撃を受けて手痛い敗北を味わったため、その必要性を痛感していたからだという。

これだけなら国防を重視する人物だと評価されるだろうが、山県は必要以上に軍部の力を増大させてそれを支配した。しかも、軍国主義の基礎を築いた張本人とまでいわれたのである。

元治元年、四国艦隊によって占拠された長州軍の下関砲台

■軍部を意のままにしようとする

陸軍の重職を歴任した山県が強力に推し進め、実現させたのが徴兵令だ。

それまでの政府軍は各藩から派遣された人員で成り立っていたが、彼は満20歳以上の男子全員に徴兵の義務を課したのである。

新たな負担を強いられる国民や、仕事を失う士族から反発の声が上がったが、山県は反抗する者たちを徹底的に弾圧して新しい日本の軍隊をつくり上げた。

しかし、これで満足する山県ではなかった。

陸軍省に属していた参謀局を参謀本部として独立させるとみずから本部長に収まり、明治15（1882）年には「軍人勅諭《ちょくゆ》」を発布させる。

これは軍隊を天皇の直属とし、政府を介さずに天皇から直接軍人に命令を下すことができるという内容だった。これによって、天皇から参謀本部へと指令が出されるシステムが完成したのである。

軍人勅諭は天皇の名で出されたとはいえ、草案は山県の指示で彼のブレーンである西周らが作成したものだ。

この勅諭では、名目上は天皇が軍隊の最高司令官となっているが、実際は山県が権威をかさに着て軍部を自分の意のままに牛耳ろうとしたわけである。天皇は軍部の人事でさえ口をはさむことができなかった。

■派閥をつくり自分の勢力を伸ばす

もっとも、山県だけでことを進められたわけではない。彼はあちこちに自分の息がかかった味方を配置していたのだ。

山県は容易に人を信用しない性格だったというが、そのかわり一度信用した人間はよく面倒をみて、派閥を形成していった。

また、政党政治を嫌っていた彼は官僚制度の拡充を図り、門閥や私的なつながりに左右されずに試験によって官僚に取り立てるシステムを構築した。

こうして育成した官僚で周りを固め、自分の思い通りに政治を動かしていく基盤を築いたのである。

伊藤博文と山県（右）。同じ長州出身で年齢も近かった２人だが、伊藤に比べると山県の評判は良くない。

■武力と政治力の両方を手に入れる

山県は軍人政治家としては初めて首相の座にまで上り詰めた人物だ。つまり、軍隊と政治の両方を掌中に収めたことになる。

だが、政治家として活動していた時代から現代に至るまでその人気は低い。

第一線を退いたのちも元勲として政界に大きな発言力を持っていた山県だったが、まるで人望はなく、国葬になったにもかかわらず彼の葬儀に訪れた一般人はほとんどいなかった。

その後、彼が勢力を増大させた軍部は、昭和に入ると暴走を始める。そして日本は軍国主義の道をまっしぐらに突き進んでいくのである。

また、官僚や軍人を中心にして自分の息がかかった者を重用し、「山県閥」ともいわれる一大派閥をつくり上げて政界に対してつねに大きな影響力を持ち続けた。

表面的には大きな求心力を持った偉大な政治家に思えるのである。

幕末／明治

親友や上司を踏み台にした 大久保利通

■利害を優先させ友情を切り捨てる

西郷隆盛、木戸孝允、そして大久保利通の３人は「維新の三傑」と呼ばれている。

彼らは徳川幕府に終止符を打ち、新しい時代の基礎を築くために活躍した人物だ。なかでも大久保が明治政府の設立に果たした役割は大きい。

彼は日本で初めて今の総理大臣にあたる内務卿《ないむきょう》に就任して大きな行政権を手に入れると、次々と新しい改革を断行していった。

政府にはさまざまなメンバーが顔をそろえていたものの、実際のところ初期の明治政府は大久保が牛耳っていたといっても過言ではない。

写真で見る大久保は、アメリカ合衆国大統領のリンカーンを真似たという口ひげを生やしたいかめしい顔つきをしている。

実際の彼も冷静沈着な理論派で、ひとたび決断したことは断固として実行した。その根底には日本を近代化させるという強い意志があったとはいえ、彼の行動は人情や温かみとはかけ離れたものばかりだった。

大久保は個人的な感情よりも利害を優先した。利用できるものは最大限に利用し、不要になればあっさりと切り捨てる。顔色ひとつ変えずに、他人を裏切ったり欺いたりすることもできた。

プライドも恩義も、そして友情さえも切り捨ててしまえる冷酷非情さで政界をのし上がっていったのである。

■親の敵にもこびる

出世のスタートからして、大久保は冷静な計算を働かせていた。薩摩藩主の島津久光が好きだった囲碁を覚え、対戦相手として自分を売り込んだのだ。

久光は大久保の父を流罪にした過去があり、いわば親の敵ともいうべき存在である。

そんな相手に取り入る大久保を周囲の人々は軽蔑したが、出世のためなら好きでもない相手に媚びへつらうこともいとわなかった。

そもそも彼にとっては、藩主といえども踏み台のひとつにすぎなかった。

久光は新しいシステムすべてに反対する保守派で、徳川幕府がなくなったあとは自分が将軍になろうと考えていたほどだ。

大久保にとっては、政治の表舞台に立ってしまえばこんな古くさい頭の人間に用はない。久光のほうには自分が取り立ててやったという思いがあったかもしれないが、それに恩義を感じるような大久保ではなかった。

久光が強硬に反対していた廃藩置県をあっという間に断行し、藩主と家臣という身分制度も、久光の野望も打ち崩してしまったのだ。

岩倉使節団の一員としてパリに赴いたときに撮影された、大久保利通肖像

■親友だった西郷隆盛を見捨てる

目の前に立ちはだかる邪魔者をたたきつぶすためなら、いっさいの私情を捨て去って冷徹な判断を下す――。こんな大久保の冷酷非情さが最も発揮されたのが「西南戦争」だろう。

敵方の大将は長年の親友で、明治政府樹立に貢献した西郷隆盛である。共に政府の要職に就いた西郷と大久保だが、しかし2人の方向性はしだいにずれていく。

強引に近代化を進め、士族の犠牲も気にしない大久保と、困窮する士族に同情を覚える西郷には根本的な違いがあったのだ。

そして彼らの決裂を決定的にしたのが征韓論である。当時、国交のなかった朝鮮を武力で開国させようとしたのが征韓論だ。

西郷が征韓論を支持するのに対して、大久保は富国強兵が先だと真っ向から反対した。人望のある西郷には同調する者も多く、政治を自在に操りたい大久保にとっては目の上のこぶでしかない。

そのため大久保は、反対派の参議をそそのかしていっせいに辞表を提出させて、閣議を開けなくした。

あるいは、天皇の側近を抱き込んで西郷の謁見を阻み、天皇から出兵の許可を得られないようにするといった策を弄して、西郷をつぶしにかかったのだ。

薩摩藩士時代の大久保（左）と島津久光（右）

こうした策略が功を奏して、ついに出兵は取りやめになり、この一件に激怒した西郷は職を離れて故郷に帰ってしまう。

大久保は、自分と相容れない意見を持つ西郷をまんまと政界から追放したわけである。

やがて、西郷は不平士族を率いて西南戦争を起こす。

これまでにも不平士族の反乱を激しく鎮圧してきた大久保だが、さすがにこのときばかりは迷いが生じたといわれている。

だが、討伐を決めてからの彼にはためらいのかけらもなかった。

政府軍が総力を挙げて臨んだ戦いは、1日に数十万発もの弾丸が飛び交うほど激しいものになった。

そして、この戦いに敗れた西郷は自害して果てたのである。政府に歯向かう者は、たとえ親友であっても情け容赦なく抹殺したのだ。

■官僚国家の基礎をつくりあげる

その後の大久保は文字通りに独裁者のごとく改革を進めていった。

彼が特に力を入れたのが官僚機構の整備である。欧米諸国に追いつくといっても、日本は産業も発達していない。

そこで、絶対的な権力を持つ官僚が国をリードするシステムをつくり上げたのだ。しかも、これらは政治機構の基礎として今も生き続けている。

昨今、官僚主導型、天下りなどが問題視されているが、これらはすべて大久保が生み出したものといっても過言ではない。大久保は、現代の政治にまで影響を残しているのである。

幕末/明治

汚職に手を染めた政治家 井上馨

■「汚職政治の権化」とまで言われた男

井上馨《かおる》は長州藩の上士出身だが、身分の上下にはあまりこだわらなかったらしく、下士出身の伊藤博文と親友だったという。

青年時代に同志としてイギリス公使館を焼き打ちにしたり、密航留学をするうちに2人の間に友情が芽生えたようだ。

もっとも、伊藤に比べると井上の評価は驚くほど低い。政府の要職を歴任した2人だが、井上の場合はそれ以上に金にまつわるダーティなイメージのほうが強烈だからだ。

彼はしばしば「汚職政治の権化」や「貪官汚吏《たんかんおり》の代表」と表現される。貪官汚吏とは不正な利益を得る悪い役人という意味だ。

こんな不名誉な名前をつけられるほど井上は汚職スキャンダルにまみれていたのである。

■有望な銅山を奪う

井上は自分の地位を利用して金儲けをしたが、特に有名なのが尾去沢《おさりざわ》銅山事件だ。

秋田県にあった尾去沢銅山は南部藩の所有だったが、経営は藩の御用商人・村井茂兵衛《もへえ》に任されていた。南部藩は、銅山の経営費や諸々の資金を村井から借りていたのだ。

しかし〝町人が藩に金を貸すという表現をするのは失礼だ〟という理由から、書類上は村井が藩から借用したと記すのが通例となっていた。

そこに廃藩置県が断行され、藩の負債は明治政府が肩代わりすることになった。

このとき村井は、書面に記載されているままに「藩からの借金を返せ」と要求されたのだ。

村井は真相を主張したものの聞き入れられず、「尾去沢銅山を返上するなら借金をチャラにしてやる」という政府の申し出を受け入れざるを得なかった。

じつは、この強引な差し押さえを裏で操っていたのが井上だったのだ。国有になった尾去沢銅山を、井上は懇意にしていた商人に無利息で払い下げたのである。

さらに銅山の入り口には「従四位井上馨所有」という立て札まで立てた。つまりは、最初から膨大な利益が見込める銅山を私物化することを企んでいたといえるだろう。

この一件は広く知られることとなり、司法は井上を裁こうとしたが、結局、本来なら懲役刑に処せられるところを、わずか30円の罰金を払うだけで済んでしまったのだ。

留学生としてイギリスに留学した長州藩一行。左手前の椅子に座っているのが井上、右端は伊藤博文。

あらゆる手を使って大もうけする

いったん政府を離れた井上は、「先収会社」という名の商社を設立する。

そして政治家時代のつてを最大限に活用し、陸軍の有力者だった山県有朋から受注した大量の軍事用品を扱った。これが結果

尾去沢鉱山（写真提供：毎日新聞社）

的に大もうけにつながっていく。

この会社は井上が政界に復帰する際、三井が後ろ盾となった三井物産へと生まれ変わる。

その後も井上はあからさまに三井を擁護したため、西郷隆盛からは「右手で商売、左手で政治を行う」「三井の番頭さん」などと蔑まれたと伝えられる。

こうして井上は政界・財界の両方と密接な関わりを持ちながら私腹を肥やしたのである。

現在でも官民の癒着、贈収賄など政治家の汚職スキャンダルはあとを絶たないが、井上はまさに汚職政治家の先がけともいえる存在だったのである。

明治時代

大久保利通を暗殺した島田一郎

■大久保に50以上の傷を負わせる

明治11（1878）年5月14日午前8時半頃、大久保利通が乗った馬車が東京の紀尾井町の清水谷にさしかかった。

道の傍らでは2人の男が花を眺めている。

そこに突然、刀を手にした4人の男が現れ、馬を斬りつけて馬車を足止めすると御者を斬り捨てた。

花を眺めていた2人も刀を抜きながら駆け寄ってきた。

何の騒ぎかと大久保が馬車を降りようとしたところ、頭上から刀が振り下ろされる。

大久保の眉間がざっくり割れた。

それを合図にしたかのように6人が大久保目がけて襲いかかる。

血まみれになった大久保が倒れ伏すなか、彼の喉元に短刀が深々と突き立てられた。絶大な権力を振るった大久保は、こうして49年の早すぎる生涯を閉じたのである。

これが「紀尾井坂《きおいざか》の変」と呼ばれる大久保利通暗殺事件だ。

警察が駆けつけたときにはすでに大久保の息はなかったという。彼の体に残された50以上もの傷が襲撃のすさまじさを物語っていた。

この暗殺劇は、一時の激情に駆られて行われたものではなく、確実に大久保の息の根を止めるために周到に立てられた計画だった。

なかでも中心的な役割を果たしていたのが、島田一郎という石川県出身の士族である。

■周到に暗殺計画を練る

島田は徹底的に大久保の身辺を探ることから始めた。

内務省に出勤する日や自宅を出る時刻、内務省へ向かうルートなどを入念に調べあげたところ、外出時に護衛をつけないことが判明した。

暗殺場所に紀尾井坂を選んだのにも理由がある。道幅が狭く、屋敷が建ち並ぶこの辺りではいざとなっても逃げ込める場所がない。坂道にさしかかれば馬車の速度も落ちる。

しかも、大久保が出勤する時間帯には、人通りがほとんどないこともわかっていた。

現在の紀尾井坂は広い道路になっている

襲撃するには絶好のポイントだったのだ。
待ち伏せする際にも、島田は用心深くグループを二手に分け、万が一にも大久保を取り逃がすことがないよう、挟み打ちにする態勢をとった。

■西郷に心酔した末の殺害

なぜ、島田はこれほど大久保を憎んでいたのだろうか。

その背景にあったのは、不平士族のカリスマ的な存在だった西郷隆盛の死である。島田も彼に心酔する一人だったのだ。

征韓論を支持していた島田は、これが原因で西郷が下野せざるを得なくなったことに憤っていた。

島田一郎（左）と、自首した際に持っていた斬奸状（右）。大久保を斬る理由として、政治を私物化していること、民権を抑圧していることなど、5つの理由が書かれている。

当初は建白書運動に身を投じたものの、やがて実力行動主義へと転じていく。

西南戦争が勃発した折には挙兵も試みたのだが、メンバー集めに四苦八苦しているうちに、西郷軍は敗れてしまった。ここにいたって島田は政府の要人暗殺へと方針を変えたのである。

士族に味方した西郷は大久保が送った追討軍によって死に追いやられた。このまま大久保が政府を仕切っていたのでは日本はよくならない、ゆえに鉄槌を下したというわけだ。

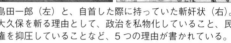

目的を果たした島田は逃亡する気は毛頭なく、大久保の罪を告発した斬奸《ざんかん》状を手にして堂々と自首する。その後、暗殺グループ全員が極刑に処せられた。

彼は事件を起こす前に斬奸状を新聞各社へ送り、自分の犯行意図を広く世間へ知らしめるという大胆不敵な計画も立てていた。

しかし、斬奸状はことごとく握りつぶされて、ごく簡単な内容を掲載したのは一紙だけだった。

取り調べの最中、島田は大久保以外にも大隈重信や伊藤博文らの罪も並べ立て、自分のあとに続く暗殺者が出ることを期待していたという。

しかし、皮肉なことにその大隈や伊藤こそが大久保の遺志を継いで、その後の日本を動かしていくことになる。

島田は、元武士である士族が政治に関わることができるような国家を夢見ていた。明治7（1874）年の佐賀の乱や明治9（1876）年の秋月の乱など、当時、各地で不平士族による反乱が頻発するが、島田はその動きに乗じて自分でも不平士族の力を結集しようともくろむ。

しかし、結局それは失敗に終わっている。

それによって不満が溜まっていた島田は、その後の西郷隆盛の死によって大久保暗殺を企んだといわれる。

大久保利通暗殺の成功により、自分が思い描いた新時代の到来を夢見たはずの島田だが、現実は残念ながらそうはならなかったのだ。

明治末期

ロシア皇太子に斬りかかった津田三蔵

■海外の要人めがけて斬りかかる

明治24（1891）年5月11日、来日中のロシア皇太子ニコライが襲われて負傷する事件が起きた。世にいう「大津事件」である。

犯人は津田三蔵、36歳。暴漢ではなく、なんとニコライ一行が通過する沿道を警護していた巡査の一人だった。

このとき、津田の胸中にはロシアに対するどす黒い思いが渦巻いていた。

天皇に謁見する前に各地を見物したり、誇りある西南戦争の記念碑に目もくれないなど、彼らは礼儀を欠いている。本当は日本侵略をもくろんでいるのではないだろうか。

彼がこのような疑心暗鬼に陥っていたのは、さまざまな噂やデマが飛び交っていたたからだ。世間では「親善は建前で、真の目的は地形や軍備の視察だ」とか、「西南戦争で死んだはずの西郷隆盛がロシアに逃れていて一緒に戻ってくる」などと噂された。

津田三蔵（囲み）と事件直後の大津の街並み

西南戦争に官軍側として参加した津田は勲七等を受けており、西郷の帰還で勲章を取り上げられることに脅えていたという。

こういった不安や恐怖が津田を突き動かし、テロ行為に走らせたのである。

ニコライに斬りかかった津田はその場で取り押さえられた。本人の証言によれば「殺すつもりはなかった」とのことだが、逃げるニコライを追いかける執念深さを見せている。

ただし、事件の首謀者が逮捕されたことで一件落着とはならなかった。むしろここから大津事件のクライマックスが始まるといっても過言ではない。彼の量刑をめぐって政府と司法界が全面対決をするという事態に発展していったからだ。

■外交問題と司法の問題を起こす

命に別状がなかったとはいえ、国賓に深手を負わせたことで政府内は騒然とした。ロシアは世界最強と謳われる陸軍を有する大国だ。怒りに任せて攻め込まれたら日本は太刀打ちできない。

そこで政府は津田に、皇族に危害を加えた場合に適用される皇室罪を用いることを決定する。これなら未遂であっても極刑を宣告できるためだ。

ところが、これに猛反発したのが大審院院長の児島惟謙《こじまこれかた》である。大審院とは現在の最高裁判所に当たる機関で、皇室罪は大審院でしか裁くことができなかった。

児島は、「皇室罪は日本の皇室に対してのみ適用されるものであり、この場合は謀殺未遂、すなわち普通の殺人未遂罪として扱うべきだ」と主張したのだ。

政府は「国家と法律のどちらが大事か」と児島に強く迫ったが、彼は「司法は独立した存在であり、何者の干渉も受けない」と突っぱねたという。

とはいえ、実際に判決を下すのは裁判官だ。政府と児島はそれぞれ彼らの説得に奔走した。津田の裁判を前に水面下では緊迫した駆け引きが行われていたわけである。

結局、津田は謀殺未遂の罪で無期懲役の判決を受けた。

■法治国家の基礎をつくる

大津事件の裁判は日本の裁判史上でも大きな意味を持つ。

なぜなら、近代国家として歩み始めたばかりの日本は列強諸国から未熟な存在だと見なされ、対等な扱いを受けていなかった。

しかし、ここで政治的圧力に屈しない判決を出したことで、れっきとした法治国家だと証明することができたからである。

懸念していたロシアの反応も、日本の法律に則って裁かれたので満足しているというものだった。

そして、事件から3年後には念願だった不平等条約の改正にも成功している。かたくなに政治の介入を拒んだ児島は、のちに〝護法の神〟と呼ばれるようになったのである。

事件を起こした津田は北海道の釧路に収監され、判決から約4ヵ月後に肺炎で死亡した。

彼が起こした事件は許されるものではないが、はからずも津田は法治国家の礎を築く影の立役者になったともいえるのだ。

4章
現代をつくった黒幕たち

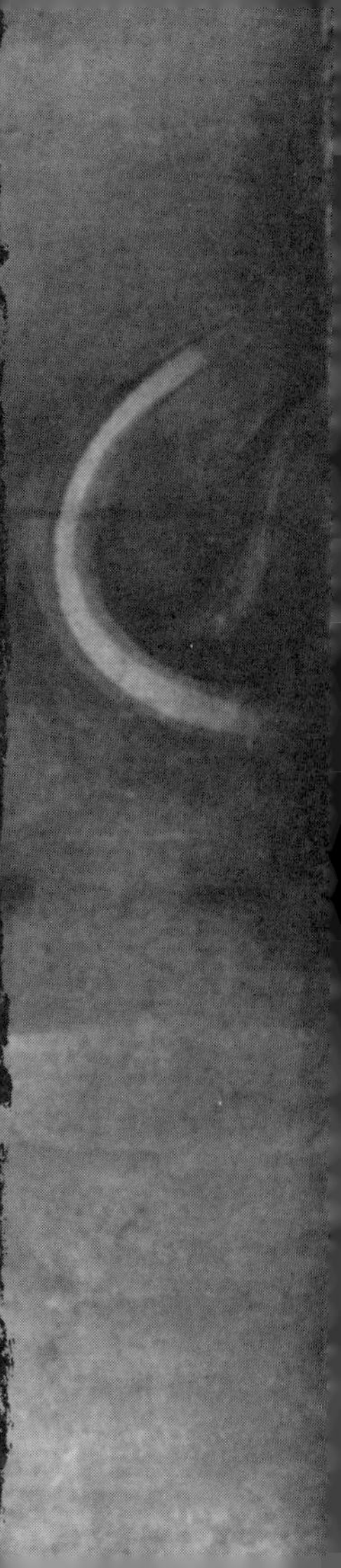

大正時代

皇太子を撃ったテロ犯 難波大助

■判決後2日で死刑

関東大震災が起こった大正12（1923）年末、日本中に衝撃が走った。

のちに昭和天皇となる当時の皇太子を乗せた車が皇居から赤坂の虎ノ門辺りに差しかかったとき、一人の男がその車に近づき発砲したのである。

これが世にいう「虎ノ門事件」だ。

事件の主役は、まだ24歳の青年、難波大助である。

弾丸は窓ガラスに当たってその破片が侍従の顔をかすめたが、皇太子は無傷でそのままその日の公務をこなした。つまり、暗殺は未遂に終わったのだ。

ところが、深く反省の意を唱えれば情状酌量の余地があったにもかかわらず、彼は皇室への批判を改めなかった。

そして事件の翌年、判決から2日後という異例のスピードで死刑に処せられている。

難波がテロリストとして死んでいった理由は何だったのか。

じつは、彼が犯行に至った背景には意外な理由があったのだ。

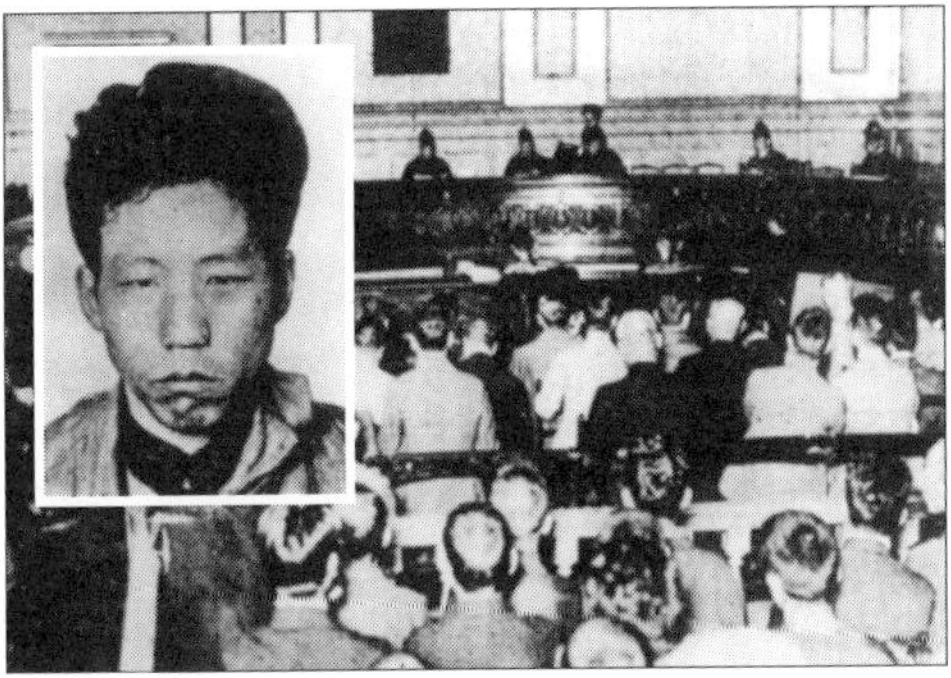

難波大助（囲み）と虎ノ門事件の公判の様子

■アナキストからテロリストに変貌

難波大助は山口県の名家で生まれた。父は県会議員であり、一家は皇室を重んじて彼自身もその思想を強く受けて育った。

しかし、10代後半に上京して予備校に通い始めた頃からさまざまな書物と出会い、彼の思想に変化が芽生えてくる。

特に、明治天皇の暗殺を企んだとして多くの社会主義者やアナキスト（無政府主義者）たちが処刑された幸徳事件に憤慨していたといわれている。

その後、労働運動や社会主義運動に積極的に参加するようになり、父親から教え込まれた彼の思想は大きく揺らいだのだ。

折しも、関東大震災の直後にはこの混乱を狙って朝鮮人が暴動を起こすという噂から朝鮮人の虐殺があり、軍隊による社会主義者たちの虐殺も頻発した。

難波は市民運動の無力さを痛感し、やがて暴力に訴えるテロリストへと変貌していったのである。

結局、たった一人の無謀なテロは未遂に終わったものの、その影響は大きく、当時の内閣は総辞職、警視総監や警務部長らも懲戒免職という処分を受けているのだ。

■事件の背景にあった劣等感

これだけの話なら、血気盛んな青年が社会に疑問を持ち、世の中を変えようと決意した思想犯のように思える。

だが、難波を語るうえで欠かせないのは彼の抱えていた劣等感である。

彼は高校受験に失敗しているが、その一方で2人の兄は東大と京大に進んだというエリートだった。

●陰謀被告の死刑執行
▲入時順に十二名の執行
▲死刑執行極めて急速也
▲未明より準備
▲午前中に六名
▲被告の形見分

大逆事件の死刑執行を伝える当時の新聞（明治 44 年 1 月 25 日・東京毎日新聞）

さらに父親は倹約家で、難波が上京したときには仕送りも渋ったという。彼は働きながら予備校に通うしかなく、せっかく合格した高校も1年で辞めて日雇い労働者になっている。

この学業不振や兄への劣等感、そして父親への恨みから、父や兄を貶めたいという短絡的な理由が犯行の裏にあったとも考えられるのだ。

衆議院議員になっていた難波の父、作之進は事件を聞くとすぐに辞職願を出し、息子の処刑後には、息子が事件直前まで使っていた部屋に閉じこもり、みずから食を断って死んでいった。

ちなみに、エリートだった兄たちも辞職を余儀なくされている。

家族への恨みを晴らすために犯行に及んだと

すれば、難波は冥界からその様子を見てほくそえんだことだろう。しかし、それだけではない。この事件は、当時の政界に大きな混乱を招いた。

山本権兵衛首相は事態の大きさにおののき、全閣僚の辞表を集め、やがて総辞職となった。

さらには警視総監や警視庁の警務部長が懲戒免職になったほか、難波大助が通った小学校の校長や担任教師が辞職、郷里山口県の県知事が減俸になるなど、いろいろなところに大きな波紋を広げたのだ。

ちなみに、難波の父の選挙地盤を継いだのは、のちに外務大臣になって日独伊三国同盟や日ソ中立条約を締結した松岡洋右である。

さらにこの松岡の跡を継いだのが、いずれも内閣総理大臣の座に就いた岸信介、佐藤栄作の兄弟だ。

つまり、難波大助の恐ろしい事件は、何の因果か数々の大物政治家を排出したともいえるのだ。

昭和初期

現役の首相を銃殺した　三上卓

■官邸に押し入り犬養毅を暗殺する

「五・一五事件」といえば、「話せばわかる」「問答無用！」の押し問答でも知られる、第二次世界大戦よりもはるか前の昭和7（1932）年5月15日に発生したクーデターである。

そのおよそ4年後に起きた「二・二六事件」とセットで覚えている人が多いだろう。

どちらの事件も青年将校らが昭和維新の旗の下に政治家や官僚を襲った事件だが、二・二六事件では1000人以上の兵が動いたのに比べ、五・一五事件に関与したのはほんの30人ほどにすぎない。

しかし、〝この事件がなかったら二・二六事件は起こらなかった〟といわれるほどの重要な出来事だった。

その主犯の一人といわれているのが三上卓《みかみたく》である。三上は当時27歳の海軍中尉だったが、右翼団体に影響を受けて国家改造という思想に傾倒していった。

五・一五事件では首相官邸の襲撃のリーダーとして、当時の首相である犬養毅に銃を向け殺害している。

それでも軍法会議では禁固15年の判決に止まったうえ、実際には4年ほどで仮出所した。その後は国内で海軍関係の仕事を続けていたようだ。

首相を殺害するという大罪を犯した彼が、わずか4年あまりで仮出所できた理由は、一般公開になった軍法会議にあったとされている。

三上はそこで多くの傍聴人の同情を集めたのである。

■話し合いに応じず「問答無用」で殺す

三上は軍法会議で「覚悟のうえで行ったことで罰せられることに異論はない。今の支配階級は皇国を危うくする」と陳述した。

この言葉に人々が共鳴したことは、すぐに二・二六事件が起こったことからも明らかだ。

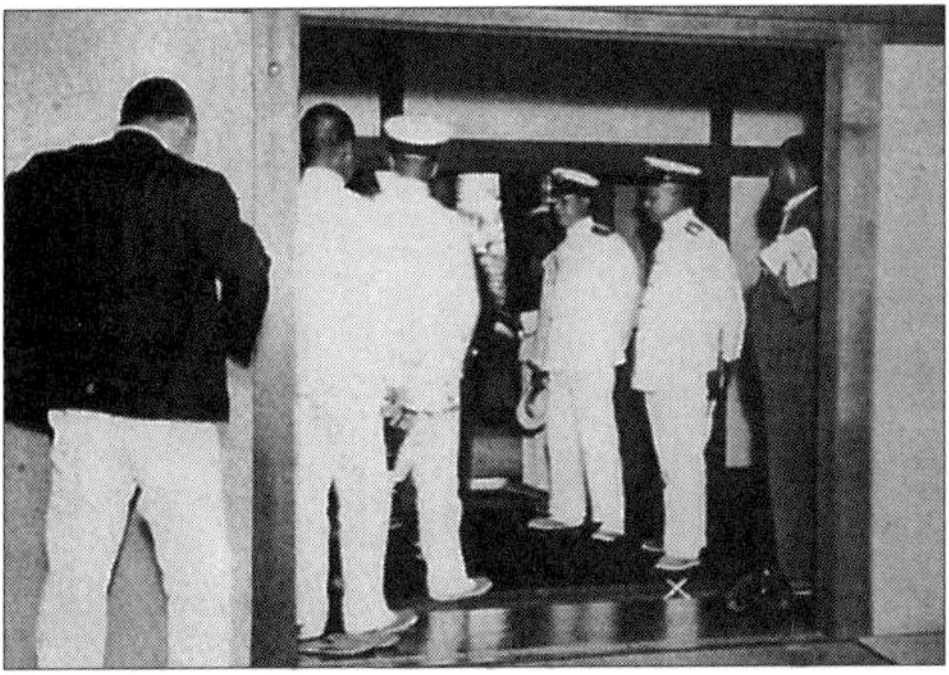

首相官邸の実地検証

しかし、冒頭に記したように犬養邸でのやりとりは非情なものだった。

いきなり官邸に押し入った三上ら若者に対して犬養は「まあ、話し合おう」と言って落ち着いた物腰だったといわれている。

その犬養の頭に「問答無用！」と発砲したのである。

じつは、犬養は明治初期から弁論で闘ってきた自由民権運動の闘士で、話し合いに持ち込まれたら不利なことがわかっていた。

案の定、三上はギリギリまで引き金を引くことをためらっているうちに犬養のペースに引き込まれそうになっていたのだ。

そこに駆けつけたのが三上と同じ海軍将校の黒

岩勇で、一発目は黒岩の放った弾丸が犬養のこめかみを貫通した。彼はその音に弾かれたように引き金を引いたにすぎない。

もしも黒岩がいなければ三上は犬養に言いくるめられていたところだ。

そんな彼のセリフにしては、軍法会議での陳述は少々勇ましすぎたといえるだろう。

もとより三上は詩的センスがあったようで、軍歌のひとつ「昭和維新の歌」の作詞を手掛けている。そのセンスがなかったら三上の運命は違ったものになっていたかもしれない。

三上卓（左）と犬養毅（右）

■のちのクーデターに影響を与える

ともあれ、殺害されたのは犬養一人だったこと、また世界恐慌の直撃を受けて困窮していた世相や雄弁な三上の陳述によって、五・一五事件の犯人グループで死刑になった者は一人もいなかった。

そして、この寛大すぎる処置がのちに二・二六事件を起こす青年将校らに、命をかければわかってもらえるといった誤解を与えてしまったのだ。

実際、二・二六事件に加わった反乱将校たちは、五・一五事件の前例があったことで、自分たちに対する量刑もそれほど重くはならないと信じていたことが関係者の日記からわかっている。

そういう意味で三上卓の行動は、後の二・二六事件のきっかけをつくったともいえるし、昭和史を大きく揺るがすきっかけにもなったのだ。

ところが、二・二六事件ののちに開かれた軍法会議は非公開になり、事件の首謀者は全員死刑判決を言い渡されたのである。

五・一五事件は日本初の軍事クーデターであり、その影響は三上の思い及ばぬところで、のちに多くの青年将校が命を落とす事件を誘発することとなった。

そう考えると、昭和の動乱の引き金を引いた元凶は三上卓だったといえなくもないのだ。

昭和初期

二・二六事件に影響を与えた北一輝

■青年将校たちに多大な影響を与える

今から80年以上前の昭和11（1936）年2月26日、一部の青年将校らが1500人近い兵を率いて内閣総理大臣をはじめとした重臣らを襲い、首都中枢部を4日間占拠する事件を起こした。

首都・東京に戒厳令が敷かれた「二・二六事件」である。

このとき彼らが掲げていた「昭和維新断行・尊皇討奸」という言葉は、天皇による政治を実現するため悪政を続ける政治家を討ち、世の中を変えなければならないという信念を表したものだ。

彼らがその思想を抱くにあたり多大な影響を与えていた人物、それが北一輝《きたいっき》だといわれている。

北は、首謀者の一人として事件の翌年に死刑になった。

実際は、彼は計画を知ってはいたものの実質的に関与したわけではなく、先走る将校らを「時期早尚だ」と諫めたりもしている。にもかかわらず真の黒幕として扱われたのだ。

だが、極刑を下されたのにはそれ相応の黒い背景があったのである。

国会議事堂前に並ぶ戦車隊（2月28日）

■資金を得て暗躍

北は、新潟の名家で生まれた思想家であり革命家である。

目の病が原因で旧制中学校を中退しているが、頭脳はすこぶる明晰だった。

彼は24歳で1000ページに及ぶ思想をまとめ

た本を自費出版し、その後も中国の辛亥《しんがい》革命の状況を記した著作や、二・二六事件にも影響を及ぼした『日本改造法案大綱』を書き上げている。

この『日本改造法案大綱』は、華族制の廃止や男子普通選挙の実施から日本の領土問題まで触れたじつに綿密で具体的な国家改造プログラムだった。

しかし、この頃から北の黒い人脈が築かれていき、大正末期から昭和初期にかけて北は事件屋・恐喝屋の様相を帯び始めたのだ。

北は、集まってくるさまざまな情報をネタに、いくつもの事件を引き起こしては逮捕された。

たとえば、怪文書をばら撒いて銀行を恐喝したり、生命保険会社に嫌がらせをしたりもしている。

そんな北に一目置いたのが三井財閥である。三井財閥は、彼に年額2万円の資金提供をし、社会運動家や青年将校らの動きを報告させていたといわれている。

当時の2万円といえば現在の1億円に相当する大金だ。その金で北は政治活動を行っていたのだ。『日本改造法案大綱』では財閥を批判しながら、裏ではその財閥から資金提供を受けていたのだ。

二・二六事件はそんななかで起こった事件だった。

北一輝（左）と反乱部隊の兵士たち（右）。兵士たちの背後にあるのぼりには「尊皇討奸」と書かれている。

重要な機密を握ったまま死ぬ

北自身の関与は薄かったが、軍の上層部は、事件屋として暗躍した彼が軍の内部を知りすぎていることを懸念していたと思われる。

軍法会議では青年将校に次々と有罪判決が下されている。

北と彼の右腕だった西田税《みつぎ》は、民間人であり直接の責任はないとして不起訴か執行猶予付きの軽い禁固刑に処せられることが検討された。

ところが、陸軍幹部が「両人は証拠の有無にかかわらず黒幕である」と極刑の判決を示唆すると状況は一変したのだった。

公判が非公開のうえに異例の早さで処刑が決行されたのも、何を言われるかわからないと考えた軍側の恐れの表れだろう。

北がどんな機密を握っていたのかは、今となっては知るよしもない。

この二・二六事件は日本に大きな影響を及ぼした。事件によって日本陸軍にあった二大派閥のうち、財閥やエリートが率いる「統制派」が実権を握り、北の影響を受けた庶民中心の「皇道派」は排除される方向に動いたのである。

統制派の軍人たちは広田弘毅内閣を成立させ、軍部大臣現役武官制を復活させることにより、軍が政治を直接動かすことができる仕組みをつくり上げた。

歴史的に見れば、五・一五事件によって日本の政党政治が終わり、二・二六事件によって新たに軍が政治を掌握する体制が完成したということになる。

つまり二・二六事件は、日本が一気に軍国主義へと傾斜していく、その大きなきっかけとなったクーデターだったのである。

昭和中期

太平洋戦争を始めた 東條英機

■開戦時の首相として罪を問われる

第二次世界大戦の敗戦国となった日本では、昭和21（1946）年から極東国際軍事裁判、いわゆる東京裁判が行われた。

「A級戦犯」として逮捕された28人が、世界11ヵ国の代表によって罪を裁かれたのである。

およそ1年半にわたる裁判の結果、7人に絞首刑が、入院者や病死者を除く残りの者には、終身刑や有期刑が言い渡された。

極刑に処せられたうちの1人に東條英機《とうじょうひでき》がいる。

数々の権力を一手に掌握し、「太平洋戦争を開始した張本人」とも、「日本のヒトラー」

ともいわれる人物だ。

もっとも、彼の独断で開戦が決められたわけではないし、誰が首相でも同じ決断を下しただろうともいわれている。

したがって、彼だけに戦争責任を押しつけることはできないだろう。

ただ、今から70年あまり前に、根っからの軍人気質を持つ人物が陸相と内相を兼任する首相になり、対米英開戦における最高責任者の座にあったことは事実なのだ。

■ギリギリの交渉の末の開戦

メモ魔といわれるほど几帳面な性格で、どんな些細なことでもメモをとらなければ気が済まない。生真面目なうえにキレ者で、周囲からは「カミソリ東條」と呼ばれて恐れられていた。

そんな東條が首相になったのは、アメリカとの外交交渉を続けるか、開戦に踏み切るかというギリギリの決断を迫られる時期だった。

この時期に彼が首相に選ばれた理由は、暴走しがちな軍部を自重させるには、軍人出身の彼こそがふさわしいのではと期待されたからだ。

ところが、一度狂い出した時代の歯車は誰にも止めることはできなかった。

昭和16（1941）年12月までアメリカとの交渉を続けながら平行して開戦準備も行い、決裂したらすぐに開戦するという方針が決められたのである。

こうして日米間の交渉は両者一歩も譲らないまま決裂し、ついに東條は開戦にふみきったのだ。

のちに開戦を決定することになる東條内閣

■生真面目さがあだになる

日本が勝利を続けた開戦当初、東條は欧米列強からアジア諸国が独立することを奨励し、大東亜共栄圏の構想を掲げた。

だが、〝アジアの共存共栄〟とは名ばかりで、実質上は資源の確保をしたい日本の占領統治だった。

やがて、ミッドウェー海戦の敗北をきっかけに

東京裁判で絞首刑の判決を受ける東條

日本の戦況は日増しに悪くなっていく。東條への批判も高まり、東條内閣は崩壊した。

戦中、アメリカと和平交渉に入る機会は何度もあったといわれている。

勝利を収めている段階で交渉に臨むこともできただろうし、本土の防衛線とされていたサイパンが陥落したところで停戦の交渉もできたかもしれない。

ところが、「戦うからには勝たなければならない」を信条とした東條はあくまで戦いを続行したのである。

こうした、彼のあまりに厳格な性格が時流に災いしたがゆえに、太平洋戦争という悲劇は起こってしまったともいえるのだ。

昭和中期

日本を敗北に導いたスパイ　尾崎秀実

■ソ連のスパイと結託

日本の歴史において、最大かつ最悪ともいわれるスパイ事件をご存じだろうか。世にいう「ゾルゲ事件」である。太平洋戦争開始直前に発覚した衝撃的な事件だ。主犯のリヒャルト・ゾルゲは、当時のソ連赤軍参謀本部諜報総局から派遣された腕利きのスパイだった。

彼はドイツの新聞記者を装って日本に潜入し、日本やドイツの機密情報を手に入れて本国へと送っていたのである。その諜報活動は8年もの長きにわたって行われた。

しかし、外国人のゾルゲだけでは活動範囲も限られる。そこで彼は日本人の協力者を集めて、「ラムゼイ機関」という諜報グループをつくったのだ。ラムゼイとはゾルゲのコードネームである。

このラムゼイ機関の中でゾルゲの片腕として最も重要な働きをした人物が尾崎秀実《おざきほつみ》だ。尾崎は朝日新聞の記者や満州鉄道調査室の嘱託などを歴任し、中国情勢については第一人者として世間から認められていた。その才能を買われ、近衛文麿《このえふみまろ》首相のブレーンも務めている。当然のことながら重要な情報に触れる機会も多い。

彼はその立場を利用し入手した極秘情報を密かにゾルゲへと横流ししていたのである。

■太平洋戦争の決定的な情報を流す

数々の情報ルートを持っていた尾崎だが、特に近衛のブレーンたちの会合である「朝飯会」は情報収集にはうってつけの場だった。

朝飯会では近衛の側近をはじめ、政治学者、ジャーナリストなど多様なジャンルの人々が顔を合わせ、政治や外交について意見交換をする。ときには近衛から提案された議題を話し合い、それが政策に用いられることもあったという。

たとえ国家機密に関する情報であっても、尾崎のことを気心が知れた仲間だと思い込んでいる彼らは何も隠し立てはしなかった。

こうして尾崎はトップシークレットを確実につかんでいったのだ。

そんな彼が漏らした機密事項のひとつが、日本の「南進」に関する情報である。

尾崎秀実（左）とゾルゲ（右）

当時、日本は中国から撤退するか、米英との開戦かという選択を迫られていた。

そんな折、ドイツがソ連へと侵攻を開始する。ドイツと同盟を結んでいる日本が日ソ中立条約を破棄して「北進」してソ連を挟み打ちにするか、それとも南へ向かうかは、ソ連にとって重大な問題だった。

尾崎は朝飯会のメンバーや記者時代の仲間など、ネットワークを駆使して情報を集める。それらの断片を組み合わせて出た結論が、日本は石炭などの資源を確保するために東南アジアに侵攻する、というものだった。

この情報がもたらされたことでソ連は日本の参戦はないと確信、ドイツとの戦いに注力することができたのである。

一方で、日本は太平洋戦争へと突入していくことになる。この情報漏洩をきっかけに、時代は大きく動いたといっていいだろう。

■謎を抱えたまま死ぬ

彼は旧知の政治家たちに、シベリアには日本が求める資源はないことなど、いくつもの理由をあげて北進には意味がないと力説した。尾崎の意見がどれほど重視されたかはわからないが、結果的に日本は南進の作戦を選んだ。

尾崎には、南進すれば米英との開戦が避けられないことはわかっていたはずである。それでも、マルクスやレーニンに影響を受け共産主義に傾倒していた彼は、ソ連への攻撃だけはなんとしても止めなければならなかった。だからこそ、友人たちの信頼につけ入ってまで働きかけをしたのだ。

ただし、近年ではゾルゲ事件の解釈が変わってきている。

尾崎はソ連への侵攻は止めたかったが、米英との開戦もまた防ぎたかった。そして、すべてを平和的に解決するため、中国からの撤退を望んでいたのだという。

昭和中期

満州帝国をつくった男 石原莞爾

■戦犯になるのをまぬがれた男

昭和6（1931）年、関東軍による自作自演から始まったといわれている「満州事変」だが、その中心にいた石原莞爾《いしはらかんじ》の名前はご存じだろうか。

石原は関東軍参謀で、満州事変の首謀者といわれている人物だ。

ところが、戦後の石原は戦犯にもならずに故郷の山形で静かに暮らし、60年の生涯を終えている。

歴史を変えるほどの大事件を企てながら無罪放免になるには、どんな理由があったのだろうか。

■「帝国の異端児」と呼ばれる

彼は子供の頃からキレ者で有名だったようだ。陸軍士官学校や陸軍大学でも常にトップクラスの成績を収めるインテリで、ときに講師をも言い負かす論客だった。ずいぶんな変わり者だったとみえて、軍隊でついたあだ名は「帝国陸軍の異端児」である。

石原は体こそ虚弱だったものの、その明晰な頭脳を活かして関東軍参謀として大いに力を発揮した。

満州事変では「計画の石原、実行の板垣」といわれ、同じく参謀の板垣征四郎と二人三脚で仕事に当たっている。

南満州鉄道の路線を爆破し、これを中国軍のしわざと称した柳条湖《りゅうじょうこ》事件も石原の完璧なシナリオによるものだった。

■柳条湖事件を演出する

線路が爆破された後、関東軍の守備隊はすぐに中国軍の駐在する場所を襲っている。

当時の満州における関東軍と中国軍の関係はかなり緊迫していて一触即発の状態だった。石原はそれをたくみに利用したのである。

占領後の満州に乗り込む石原莞爾（中央）

そして「もはや一刻の猶予もすべきではありません」と関東軍司令官の本庄繁中将に迫り、軍事行動を起こさせるよう決断させたのだ。

さらに、侵攻が決まるやいなや、メモひとつ見ることなく満州鉄道沿線に駐屯する関東軍に次々と連絡を取り出動させたという。

この電光石火の指示で、柳条湖で爆発があった翌日には満州の主要都市のほとんどを関東軍が占領する結果になった。

関東軍の兵力は1万、中国軍は20万とも30万ともいわれたなかでの大勝利だった。

この柳条湖事件に端を発して満州事変は始まり、日中戦争、さらには太平洋戦争へと進んでいったのである。

奉天市街に展開する日本軍機関銃部隊

■東條英機と衝突

だが、当の石原は満州事変から数年後には上官である関東軍参謀長官の東條英機とことごとく衝突し、しまいにはみずから予備役を願い出て軍人としての一線を退いてしまったのである。

しかし、これが偶然か計算をした上でのことか、戦犯を免れた要因のきっかけになった。

そして、満州からも離れると執筆活動や立命館大学で国防学の講師などをして過ごし、そのなかでなんと彼は日中戦争の拡大に反対したり、戦争放棄まで訴えた。

満州事変を引き起こしながら、その舌の根も乾かぬうちに戦争に反対したのだ。

しかも、その語り口がいかにももっともらしく、彼の主張に同調したり、感銘を受ける人も多かったようだ。

「もし彼が戦犯となって満州事変における日本軍の正当性を語っていたら、東京裁判は成り立たなかった」と囁かれたほどである。

たしかに戦争に反対することは本心だったかもしれないが、満州事変のもう一人の首謀者である板垣は軍人を貫き東京裁判によって死刑に処されている。

それをかんがみれば、石原莞爾は賢く立ち回ったといえるのだ。石原はあくまでも「反・東條英機」の立場を貫きとおし、しかも満州において日本が行ったことの背景には日本と中国の利益を追求し、アジアに新たな繁栄国をつくり上げるという壮大なビジョンがあったことを主張したのだ。

ただ、彼が画策したこの満州事変が満州国の建国につながり、その幻の理想郷が多くの悲劇を生み出したことは事実なのである。

昭和中期

数多くの謎を抱えた人物 甘粕正彦

■謎のまま残る甘粕事件

甘粕正彦《あまかすまさひこ》は元日本陸軍憲兵大尉にして満州国の実力者である。それと同時に、謎多き人物でもある。

彼は第二次世界大戦の終わりを告げた玉音放送が流れた5日後、青酸カリを飲んで自決している。

その死によって多くの謎は永遠のものとなってしまった。果たして、彼はなぜ死を選ばなければならなかったのだろうか。

彼にまつわる謎のひとつが、関東大震災直後に起きた甘粕事件だ。

当時は、震災の混乱に乗じて軍内部に設置された警察組織である憲兵隊が目ざわりな社会運動家たちを一斉検挙しようと躍起になっていた。

運動家の中には捕えられてリンチを受け虐殺された者もいたといわれている。

甘粕事件はそんな恐ろしい時代を象徴する殺人事件で、その犯人として逮捕されたのが、当時東京憲兵隊の麹町分隊長だった甘粕正彦なのだ。

甘粕事件の軍法会議の光景（写真提供：毎日新聞社）

■生真面目さが事件の遠因？

殺害されたのは、作家で社会運動家の大杉栄《おおすぎさかえ》と内縁の妻の伊藤野枝《のえ》、そして当時まだ6歳だった大杉の甥の3人で、遺体は憲兵隊本部裏の古井戸に投げ込まれていたという。

逮捕された甘粕は軍法会議で「一個人の考えで犯行に及んだ」と証言し、禁固10年の判決を受けている。

しかし、この証言は当時から「軍をかばっているのではないか」との見方が強かったようだ。

そもそも甘粕事件は、本来なら震災のどさくさに紛れてうやむやになるはずだった。ただ、虐殺が子供にまで及んでいたことで新聞報道が過熱し、事件は必要以上に明るみに出たのである。

当時の新聞によれば「甘粕は温厚な性格で上司からも部下からも信頼される模範的将校」とされている。

その生真面目さゆえに事件の責任を一手に引き受けることになったと思われる。軍法会議では無視されたが、甘粕とともに逮捕された部下からは、「上層部の指示によって殺害した」という発言もあったとされている。

■事件のあとも華やかな世界に住む

事件後、甘粕は3年足らずで出所し、じつは陸軍の経費でフランスへの留学を果たしている。

その後フランスから満洲へ渡り、満州国建国と同時に今でいう警察庁長官クラスの役職に就いたのだ。

さらに、時の総務庁次長である岸信介らの尽力で、満州映画協会の理事長になってショービジネス界にも君臨する。

甘粕正彦

その頃の甘粕は、満州国代表団の副団長としてムッソリーニを訪問したり、満州映画の看板女優・李香蘭《りこうらん》をはじめ、画家の藤田嗣治《つぐはる》など著名人との交流も盛んだった。湯水のように金を使い、華やかな人脈を築いていったのである。

また、ドイツから最新の映画技術を持ち帰ったりとスマートで紳士的な文化人としての顔も見せている。周囲の人々からの信頼は厚かった。

しかし、彼の資金源がどこにあったのかだけは明らかになっていないのだ。

そんな彼の華やかな人脈は、軍にとって重要な情報源のひとつだったという。

満州事変の影にも、甘粕の存在は見え隠れしているのだ。

しかし、甘粕は裁判ではもちろん、その後の人生においても一切の真相を明らかにすることはなかった。

満州事変の黒幕のひとりともいわれる甘粕がかつて起こした甘粕事件について、彼がどのような関わり方をしたかの詳細は結局わかっていない。

そして終戦が告げられるとすぐに自殺し、あらゆる秘密を墓場まで持って行ってしまったのである。

「大ばくち　身ぐるみ脱いで　すってんてん」

これが辞世の句である。

じつに大胆に生き、そして多くの謎を残したままあっさりとこの世から消えてしまった甘粕らしい潔さが伝わってくる。

いずれにしても、多くの憶測と疑惑を残した甘粕は、大正から昭和にかけての激動の時代における陰の主役の一人であることは間違いないのだ。

終戦直後

市庁舎を焼き払った 岡崎功

■終戦直後に起こったクーデター

松江騒擾《そうじょう》事件は、昭和20（1945）年8月24日未明に起こった。

「皇国義勇軍」を名乗る青年グループが島根県庁を襲撃したために庁舎は全焼し、付近の約3000平方メートルが火の海になったのだ。

大日本帝国下の最後のクーデターとして記録されているこの事件の主役ともいえる人物が、岡崎功《いさお》である。

事件当時26歳だった岡崎は、日本の敗戦と降伏に抵抗して、

「降伏は死なり」

「戦えば必ず勝つ！」

と、本土決戦のための一斉決起を全国に呼びかけるために、20歳前後の男女50人あまりを集めた。

そして、彼らと共に手榴弾や短銃などを準備して島根県内の主要施設を襲ったのだ。結果として、岡崎はグループの中で最も重い無期懲役の判決を受けたものの、二度の恩赦で刑が軽減されてわずか6年ほどで釈放されている。

■執行猶予中の事件

岡崎功は、大正9（1920）年に島根県で生まれた。

20歳の頃から革命運動に参加し始め、やがて政府要人の暗殺計画に加わり、未遂に終わったものの、執行猶予付きの判決を下されている。

そんな過去もあり、憲兵隊の間では要注意人物としてすでにマークされていた。

松江騒擾事件は、そんな岡崎が執行猶予中に帰郷して起こした事件なのである。

1945年8月15日、日本が無条件降伏をしたことが国民に告げられたとき、岡崎は徹底抗戦の一斉蜂起があるものと信じて疑わなかった。

松江市に大きな被害がなかったことで、日本国軍にはまだまだ余力があると思いこんでいたのだ。

岡崎は、以前から一部の海軍航空隊や陸軍飛行隊、憲兵隊などと連携をとって、いざというときには共に立ち上がるという計画を練っていた。

焼失した島根県庁舎

しかし、玉音放送から一週間も経つと軍も憲兵隊もすっかり熱は冷めてしまい、8月24日と決めた蜂起当日にはどこからの協力も得られなかった。

この時点で、すでに岡崎の計画は破たんしていたに等しい。

結局、参加者は岡崎より年下の民間人ばかりで、間に合わせの武器を手に事件は決行されたのである。

岡崎の計画では、島根県庁をはじめ知事公舎や検事正官舎、島根新聞社など7ヵ所を襲撃するはずだった。

しかし、島根県庁の襲撃が予定外に早まってしまったために計画は後手に回り、最後にメンバーが放送局に集結した頃には武装警察官と松江連隊にすっかり包囲されていたのである。

しかも、事件は報道管制が敷かれて岡崎らの蜂起が全国的に知られることはなかったのだ。

■事件後は静かに過ごす

岡崎は取り押さえられてすぐに「自分が死ぬ代わりに若者たちを釈放してほしい」と願い、隠し持っていた刃物を取り出すと、その場で自殺を図っている。

しかし、すぐに病院に運ばれて命を取り留めた。その後は刑に服し間もなく出所、86歳で他界している。

岡崎の大望だった日本国民による一斉蜂起は、現実のものとはならなかった。

しかし、彼が起こした凶悪な事件は何の罪もない一人の市民を死に追いやり、県庁舎の全焼という甚大な被害を出した。

このことは、戦後史の1ページに紛れもない事実として刻まれてしまったのだ。

日本の敗戦をにわかに信じられないままに事件を起こした岡崎は、戦争の傷跡からみごとに復興した日本を見ながら何を思っていたことだろう。

昭和後期

光と闇を持った政治家 田中角栄

■独特の魅力を持った「金権政治家」

第64代、65代の内閣総理大臣を歴任した田中角栄は、良くも悪くも昭和を代表する首相の一人だといえるだろう。

高等小学校しか出ていないにもかかわらず首相の座にまで上り詰めたのだから、まさにサクセスストーリーを地で行った人物である。

独特のだみ声で誰にでもわかりやすい演説をする彼は国民から絶大な人気を集め、「今太閤」「庶民宰相」などともてはやされた。

たしかに田中は人心をたくみにつかみとる術に長けていたようだ。

いまでは当たり前の選挙風景になっている握手戦術も彼が始めたといわれている。そして初当選以降、一度も落選することなく42年9カ月という長きにわたって国会議員であり続けた。

しかしながら、田中ブームに沸いた就任当初とは違い、後年はダーティなイメージがつきまとう。

「戦後最大の金権政治家」「目白の闇将軍」と呼ばれた田中は、巨額の金と強力な人脈を利用して、長い間日本の政治を操っていたのである。

■ロッキード事件で失脚する

田中に関する金銭問題は数々あるが、なかでも最も注目を集めたのは「ロッキード事件」だ。ロッキード社のトライスター導入をめぐって、政治家、企業、そして政商の大規模な癒着が発覚した、戦後最大ともいわれる疑獄事件である。

この一件にかかわった一番の大物政治家が田中だった。

事件の第一報はアメリカからもたらされた。上院で行われた多国籍企業小委員会の公聴会で、ロッキード社が航空機売り込みのために日本の商社や政商に不正な工作資金を送ったと発表されたのだ。

しかもロッキード社のコーチャン副会長の証言によれば、それらの資金は政府高官への政治献金として使われたというのである。

ロッキード事件の裁判で実刑判決を受けた後に保釈された田中角栄（写真提供：毎日新聞社）

政府高官の具体的な名前は出なかったものの、コーチャンの発言には注目すべき人物が登場していた。当時、政財界に絶大な影響力を持っていた政商の小佐野賢治だ。

小佐野は田中の親友で強力に田中をバックアップしていた男である。東京地検特捜部は田中の関与が濃厚だと見て捜査に乗り出した。

ロッキード事件は国会でも取り上げられ、トライスターを導入した全日空の関係者や小佐野は証人喚問も行っている。

このとき小佐野が答弁した「記憶にございません」は流行語になり、幼い子供が真似をするほどだった。

そして全日空に働きかけを行い5億円の賄賂

を受け取ったとされた田中は、前首相の逮捕という前代未聞の事態を招いたのである。

■事件の後も力をふるい続ける

しかし、どれほど大きなスキャンダルにまみれてもつぶれないところが彼のしぶとさだ。むしろ、権力への執着はさらに強くなったといえるかもしれない。

彼自身は事件発覚後に自民党を離党していたものの、党内ではその後も田中派が大きく幅をきかせていた。

田中はもう一度トップに返り咲くという野望を胸に秘め、彼らを裏から操り始めた。そして、大平正芳、鈴木善幸、中曽根康弘と、自分の息がかかった人物を次々と首相に就かせたのである。

中曽根時代には自分の裁判を有利に進めるため、法務大臣に田中派議員を据えさせている。

中世の頃、天皇をただの飾り物にして上皇が実権を握っていた体制を「院政」というが、田中のやり口はまさに昭和の院政ともいえるかもしれない。

ただし、地元の新潟県では事件後も根強い人気があり、晩年、病に倒れてからもトップで当選していたのは事実である。

昭和/平成

首相を操ったキングメーカー 金丸信

■影から首相を動かす

平成5（1993）年3月、所得税法違反の容疑で元国会議員の金丸信が逮捕されるというセンセーショナルなニュースが日本中を駆け巡った。

金にまつわる政治家のスキャンダルは珍しくもないことだが、このときは新聞各紙のトップ記事として大々的に報道された。

なぜなら、金丸は〝政界のドン〟と呼ばれるほどの大物だったからである。

政治の頂点に立つ首相を自在に動かす影の実力者を「キングメーカー」と呼ぶが、彼は昭和のキングメーカーとして知られている。

首相にこそならなかったものの、国会対策委員長、幹事長、そして副総裁などの役職を歴任し、政界全体に睨みをきかせていた人物なのだ。

金丸は調整能力に長けており、たとえ嫌いな相手でも世論の支持が高ければ協力したし、意見の食い違う野党と話し合って折衷案も編み出した。

また面倒見がよく、みずからの派閥以外の者もかわいがったので野党議員からも慕われたという。

こうして党派を越えた強力な人脈を築き、「金丸がいなければ政治は動かない」とまでいわれるようになったのだ。

しかし、その権勢も逮捕の前年から翳りを見せ始めることになる。

原因となったのは「佐川急便事件」である。

■佐川急便事件で追い詰められる

平成4（1992）年に東京佐川急便の元社長だった渡辺広康が特別背任の容疑で逮捕された。

不正に持ち出された金は投資などにも使われたが、かなりの額が政治家へも渡っていた。

タニマチとは相撲界の後援者をさすが、〝政界のタニマチ〟と噂されるほど渡辺は多額のヤミ献金を行い、政治家と深いつながりを持っていたのである。

5億円違法献金問題で辞職を表明した直後の金丸信（写真提供：毎日新聞社）

東京地検特捜部の調べによれば、その中には自民党幹部も多数含まれていたというが、最大の大物は金丸だった。

金丸が5億円もの金を受け取っていたことが判明したのだ。

当初、10億円を提供するといわれて辞退したものの、半額が届けられたので陣中見舞いだと思って受け取ることにしたのだという。

政治資金規正法によって定められた範囲内であれば、企業や団体からの政治献金は認められている。

ただし、5億円などという途方もない金額は規定をはるかに越えていた。もちろん政治資金報告書に記載できるはずもなかった。

脱税事件捜査で金丸事務所から押収品を運び出す係官（写真提供：時事通信）

これらを考え合わせると、最大で5年以下の懲役もありうる事態だ。

ところが、金丸は断固として特捜部の事情聴取に応じないと突っぱね、20万円の罰金を払うだけで済ませてしまったのである。

■暴力団との癒着疑惑と脱税事件

佐川急便事件の発覚は一方で皇民党事件という問題も引き起こした。

金丸は竹下登を首相に担ぎ上げた立役者でもある。だが、自民党総裁選に出馬しようとする直前、皇民党という団体が街宣車で街中を回り竹下を褒めまくったのだ。

内容は褒めているとはいえ、大音声でがなり立てられては逆効果にしかならない。ほとほと手を焼いた金丸が渡辺に相談したところ、渡辺と親交があった暴力団会長が仲介に入って収めてくれたというのである。

ただし、竹下も金丸もこれを認める発言はしていないため真相は定かではない。記者から取材を受けても金丸はのらりくらりとかわすだけだった。

佐川急便事件の発覚で自民党副総裁の座は退いたものの、わずかな罰金刑で済ませてしまった金丸に世間からの批判の声は高まった。

そして特捜部の威信をかけた調査によって巨額の脱税が発覚し、ついに逮捕されてしまったのである。

不正な蓄財は数十億円にものぼったといい、その規模はケタ違いの大きさだった。

【参考文献】

『日本史 腹黒人物伝』（司悠司／五月書房）、『歴史の仕掛人——日本黒幕列伝』（童門冬二／読売新聞社）、『図解 日本史「悪役」たちの言い分——視点を変えればワルも善玉』（岳真也／PHP研究所）、『歴史の群像（2）黒幕』（黛弘道／集英社）、『日本史〝悪役〟100人』（世界文化社／世界文化社）、『謀反人たちの真相』（藤倉七右衛門／文芸社）、『学び直す日本史〈古代編〉』（日本博学倶楽部／PHP研究所）、『小西行長』（森本繁／学研パブリッシング）、『反逆者たち——時代を変えた10人の日本人』（保阪正康／阪急コミュニケーションズ）、『日本の「黒幕」200人』（別冊宝島編集部編／宝島社）、『野望！武将たちの関ヶ原——参戦武将63人の戦い』（新人物往来社）、『NHK「その時歴史が動いた」コミック版 智将・猛将編』（NHK「その時歴史が動いた」取材班編／ホーム社）、『戦国武将学入門——乱世に生きた知恵と戦術』（道満三郎／同朋舎）、『戦国武将死に様列伝』（かみゆ歴史編集部／イカロス出版）、『少年少女日本の歴史 6 源平の戦い』（児玉幸多監修／小学館）、『ビジュアル源平1000人』（井沢元彦監修／世界文化社）、『楠木正成と足利尊氏』（嶋津義忠／PHP研究所）、『北条高時と金沢貞顕——やさしさがもたらした鎌倉幕府滅亡』（永井晋／山川出版社）、『日本史有名事件の女50人』（小石房子／新人物往来社）、『「本能寺の変」はなぜ起こったか——信長暗殺の真実』（津本陽／角川書店）、『戦国武将・闇に消されたミステリー いまだ解けない80の謎』（三浦竜／PHP研究所）、『大物は殺される——歴史を変えた「暗殺」

の世界史』（大沢正道／日本文芸社）、『僧兵の歴史――法と鎧をまとった荒法師たち』（日置英剛／戎光祥出版）、『北条氏と鎌倉幕府』（細川重男／講談社）、『おもしろくてためになる日本史の雑学事典』（河合敦／日本実業出版社）、『幕末を読み直す――通説が語らない「歴史」の真実』（中村彰彦／ＰＨＰ研究所）、『江戸の醜聞事件帖――情死からクーデターまで』（中江克己／学研パブリッシング）、『「幕末」に殺された男――生麦事件のリチャードソン』（宮澤眞一／新潮社）、『怨念の系譜 河井継之助、山本五十六、そして田中角栄』（早坂茂三／集英社）、『新版「岡山検定」要点整理』（吉備人出版編集部編／吉備人出版）、『田中角栄失脚』（塩田潮／文藝春秋）、『ロッキード秘録 吉永祐介と四十七人の特捜検事たち』（坂上遼／講談社）、『冒頭陳述――政治家・暴力団・バブル紳士の事件簿』（サンデー毎日特別取材班編／毎日新聞社）、『天皇の影法師』（猪瀬直樹／小学館）、『島根県の歴史』（松尾寿・田中義昭・渡辺貞幸・大日方克己・井上寛司・竹永三男／山川出版社）、『難波大助・虎ノ門事件――愛を求めたテロリスト』（中原静子／影書房）、『石原莞爾独走す――昭和維新とは何だったのか』（花輪莞爾／新潮社）、『革命家・北一輝――「日本改造法案大綱」と昭和維新』（豊田穣／講談社）、『江戸の御触書――生類憐みの令から人相書まで』（楠木誠一郎／グラフ社）、『柳沢吉保の生涯――元禄時代の主役のすがお』（塩田道夫／日本経済通信社）、『徳川時代を支えた男たち』（杉田幸三／廣済堂出版）、『徳川綱吉・犬を愛護した江戸幕府五代将軍』（福田千鶴／山川出版社）、『悪名の論理――田沼意次の生涯』（江上照彦／中央公論新社）、『由比正雪』（進士慶幹／吉川弘文館）、『井伊直弼』（吉田常吉／吉川弘文館）、『赤穂浪士の実像』（谷口眞子／吉川弘文館）、『吉良上野介を弁護する』（岳真也／文藝春秋）、『吉良上野介の忠臣蔵――文化摩擦が起した史上最大の仇討ち事件』（文館輝子／ＰＨＰ研究所）、『安政の大獄——井伊直弼と長野主膳』（松岡英夫／中央公論新社）、『十五代将軍——徳川慶喜』（大石慎三郎監修／日本放送出版協会）、『図説 河合敦と歩く江戸人物伝 決定版』（河合敦／学研マーケティング）、『英傑の日本史——新撰組・幕末編』（井沢元彦／角川書店）、『幕臣たちと技術立国——江川英龍・中島三郎助・榎本武揚が追った夢』（佐々木譲／集英社）、『明治を支えた「賊軍」の男たち』（星亮一／講談社）、『政・財 腐蝕の１００年』（三好徹／講談社）、『政商の誕生』（小林正彬／東洋経済新報社）、『明治・大正の宰相2 山県有朋と富国強兵のリーダー』（戸川猪佐武／講談社）、『幕末維新暗殺秘史——激動の時代に吹き荒れたテロの嵐！』（新人物往来社）、『軍人宰相列伝——山県有朋から鈴木貫太郎まで三代総理実記』（小林久三／光人社）、『裁判百年史ものがたり』（夏樹静子／文藝春秋）、『統帥権と帝国陸海軍の時代』（秦郁彦／平凡社）、『ゾルゲ事件の謎を解く——国際諜報団の内幕』（白井久也／社会評論社）、『人物日本の歴史13 江戸の幕閣』（児玉幸多・五味康祐・楢林忠男・南條範夫・城山三郎・奈良本辰也・村上元三／小学館）、『人物日本の歴史19 維新の群像』（奈良本辰也、勝部真長、三好徹、早乙女貢、南条範夫、綱淵謙錠／小学館）、『歴代総理の通信簿 間違いだらけの首相選び』（八幡和郎／ＰＨＰ研究所）、『人物で読む近現代史（下）』（歴史教育者協議会編／青木書店）、『東条英機——太平洋戦争を始めた軍人宰相』（古川隆久／山川出版社）、『田中角栄の昭和』（保阪正康／朝日新聞出版）、『梟商——小佐野賢治の昭和戦国史』（大下英治／講談社）、『私物国家——日本の黒幕の系図』（広瀬隆／光文社）、『利権癒着——政財暴・権力の構図』（共同通信社社会部編／共同通信社）、『政官腐敗と東京地検特捜部』（佐藤道夫／小学館）、『「幕末維新」がわかるキーワード事典』（川口素生／PHP研究所）、『利通暗殺 紀尾井町事件の基礎的研究』（遠矢浩規／行人社）、『真説岡田以蔵』（菊地明／学研パブリッシング）、『戦争の日本史15　秀吉の天下統一戦争』（小和田哲男／吉川弘文館）、『決定版図説戦国合戦地図集』（歴史群像編集部編／学習研究社）、『もういちど読む山川日本史』（五味文彦・鳥海靖編／山川出版社）、『日本史の現場検証　2 明治・大正編』（合田一道／扶桑社）、『堂々日本史 第7巻　第15巻』（NHK取材班編／KTC中央出版）、『その時歴史が動いた 7 8 15 19 22 31』（NHK取材班編／KTC中央出版）、『人物日本の歴史 11　江戸の開府』（児玉幸多・水尾比呂志・舟橋聖一・陳舜臣・辻達也・稲垣史生／小学館）、『天皇暗殺』（岩田礼／図書出版社）『ここまで変わった日本史教科書』（高橋秀樹・三谷芳幸・村瀬信一著／吉川弘文館）　ほか

【参考ホームページ】

「江のふるさと滋賀」　http://www.go-shiga.jp/
明日香村公式ホームページ、宇佐神宮公式ホームページ、MSN産経ニュース　ほか

日本史の黒幕　歴史を翻弄した45人の怪物たち

2020年5月12日　第1刷

編　者　歴史ミステリー研究会

制　作　新井イッセー事務所

発行人　山田有司

発行所　株式会社　彩図社《さいずしゃ》

〒170-0005　東京都豊島区南大塚3-24-4 MTビル
TEL:03-5985-8213
FAX:03-5985-8224

印刷所　新灯印刷株式会社

URL：https://www.saiz.co.jp
https://twitter.com/saiz_sha

©2020 Rekishi misuteri kenkyukai Printed in Japan

ISBN978-4-8013-0450-5 C0121

乱丁・落丁本はお取り替えいたします。(定価はカバーに表示してあります)
本書の無断複写・複製・転載・引用を堅く禁じます。

本書は弊社より刊行した書籍『日本史を動かした黒い主役たち』(2012年4月発行)を再編集したものです。